Anselm Grün

# Mein Gebetbuch

Anselm Grün

# Mein Gebetbuch

*Vier-Türme-Verlag*

**Bibliographische Information der Deutschen Bibliothek**
Die Deutsche Bibliothek verzeichnet diese Publikation in der Deutschen Nationalbibliographie. Detaillierte bibliographische Daten sind im Internet über http://dnb.ddb.de abrufbar.

1. Auflage 2010


Umschlaggestaltung: Elisabeth Petersen, München
Gesamtherstellung: Friedrich Pustet KG, Regensburg
ISBN 978-3-89680-450-1

*www.vier-tuerme-verlag.de*

## Einleitung



## Mit Psalmen beten

## Gebete zum Lobpreis Gottes



## Gebete großer Menschen

## Mit Gebeten durch den Tag

## Freude und Leid – Gebete in besonderen Situationen

## Gebete bei Exerzitien im Alltag



## Gebete an verschiedenen Orten

## Gebete im Jahreskreis

**Beten mit Benedikt von Nursia**



**Zum dreieinigen Gott beten**

## Segensgebete

## Betet ohne Unterlass!

Der heilige Benedikt hat uns Mönche ermahnt, ohne Unterlass zu beten, so wie es Paulus an die Thessalonicher schreibt: »Betet ohne Unterlass!« (1 Thess 5,17)

Benedikt hat dem unablässigen Gebet eine klare Struktur gegeben. Siebenmal am Tag und mitten in der Nacht sollen die Mönche sich zum gemeinsamen Gebet versammeln. Sie sollen Gott loben und stellvertretend für die ganze Welt in Gemeinschaft mit Jesus Christus die Psalmen beten, die Jesus hier auf Erden gebetet hat. Benedikt nennt das gemeinsame Gebet »opus dei«: Werk Gottes. Gott selbst handelt an uns im Gebet. Er verwandelt uns immer mehr durch seinen Heiligen Geist in die Gestalt Jesu Christi, der durch unser Gebet hier auf Erden als der wahre Beter aufscheint.

Benedikt hat vor allem an das gemeinsame Gebet gedacht. Doch er schreibt auch vom persönlichen Gebet. Die Grundhaltung dieses Gebetes ist die Ehrfurcht vor Gott und das Gespür für seine beständige Gegenwart. Im Gebet übt sich der Mönch darin, ständig in der Gegenwart Gottes zu leben. Er macht sich bewusst, dass Gottes heilende und liebende Gegenwart ihn immer und überall umgibt. Benedikt hat den Mönchen keine persönlichen Gebete hinterlassen. Aber er fordert sie auf, sich oft zum

Beten niederzuwerfen (RB 4,56). Sie sollen mit dem ganzen Leib beten und sich in Ehrfurcht vor Gott zu Boden werfen. In dieser Gebärde erfährt der Mönch auf der einen Seite Gott als den Schöpfer, der die ganze Welt erschaffen hat. Auf der anderen Seite fühlt er sich in dieser Gebärde der »prostratio« von Gott getragen und in Gott geborgen.

Im Geist des heiligen Benedikt haben viele seiner Mönche Gebete verfasst, allen voran Anselm von Canterbury und Bernhard von Clairvaux. In diesem Buch habe ich einige Gebete ausgesucht, die aus der benediktinischen Tradition stammen, und andere, die diesem Geist Benedikts nahestehen. Und ich habe versucht, selbst Gebete zu verfassen, die der Erfahrung des Mönchtums verpflichtet sind. Für die Mönche heißt Gebet: ihr ganzes Leben, ihre innerste Wahrheit Gott hinzuhalten, damit Gottes Geist alles in uns durchdringt und verwandelt.

Im Gebet halte ich Gott meine Gefühle hin, meine Leidenschaften, meine Ängste, damit ich durch sie hindurch Gott erspüre als den tiefsten Grund meiner Seele, in dem ich Ruhe finde. Benedikt heißt: »der Gesegnete«. Beten heißt für Benedikt auch, alles unter den Segen Gottes zu stellen: mich selbst, die Menschen und die Wirklichkeit dieser Welt, damit wir erfahren dürfen, dass alles für uns zum Segen werden kann und dass wir selbst ein Segen sind für die Menschen. Das Ziel allen Betens, Bittens, Lobens und Segnens ist, »dass Gott in allem verherrlicht werde« (ut in omnibus glorificetur deus: RB 57,9; vgl. 1 Petr 4,11).

## Selig der Mensch, der nicht dem Rat der Frevler folgt

PSALM 1

Selig der Mensch, der nicht dem Rat der Frevler folgt,
der nicht betritt den Weg der Sünder,
nicht sitzt im Kreise der Spötter,
der vielmehr seine Lust hat an der Weisung des Herrn,
der bei Tag und bei Nacht über seine Weisung nachsinnt.
Er gleicht dem Baum, der an Wasserbächen gepflanzt ist,
der zur rechten Zeit seine Frucht bringt
und dessen Blätter nicht welken.
Was immer er tut,
es wird ihm gelingen.
Nicht so die Frevler!
Sie sind wie Spreu, die der Wind vor sich hertreibt.
Darum werden Frevler im Gericht nicht bestehen,
noch Sünder in der Gemeinde der Gerechten.
Denn der Herr weiß um den Weg der Gerechten,
aber der Weg der Frevler verliert sich.

## Wenn ich rufe, gib mir Antwort

PSALM 4

Wenn ich rufe, gib mir Antwort,
du Gott, der für mich Recht schafft.
Du hast mir Raum geschaffen in der Bedrängnis,
sei mir gnädig und höre mein Beten!
Ihr Mächtigen, wie lange noch schmäht ihr meine Ehre,
wie lang liebt ihr das Nichtige und sucht die Lüge?
Erkennt: Den Treuen hat der Herr sich auserwählt.
Der Herr – er hört es, wenn ich zu ihm rufe.
Erschreckt und lasst die Sünde!
Bedenkt es auf eurem Lager und werdet stille!
Bringet rechte Opfer dar,
auf den Herrn setzt euer Vertrauen!
Viele sind es, die sagen:
»Wer lässt uns Gutes erfahren?
Über uns, o Herr, erhebe dein leuchtendes Antlitz!«
Du hast mir weit größere Freude ins Herz gelegt,
als jene sie haben bei Korn und Wein in Fülle.
In Frieden leg ich mich nieder und schlafe;
denn du allein, Herr, lässt mich sorglos wohnen.

## Der Herr ist mein Hirt, nichts kann mir fehlen

PSALM 23

Der Herr ist mein Hirt, nichts kann mir fehlen.
Auf grünen Auen lässt er mich lagern.
Er führt mich zur Ruhe an frische Wasser,
er stillt mein Verlangen.
Er leitet mich auf rechten Pfaden
getreu seinem Namen.
Muss ich auch gehen in finsterer Schlucht,
ich fürchte kein Unheil:
Du bist ja bei mir!
Dein Stab und dein Stecken, sie geben mir Zuversicht.
Du deckst mir den Tisch
vor den Augen meiner Bedränger.
Du salbst mein Haupt mit Öl;
bis zum Rande gefüllt ist mein Becher.
Nur Güte und Liebe werden mich verfolgen
alle Tage meines Lebens.
Und wohnen darf ich im Hause des HERRN
bis in die fernsten Tage.

## Nur zu Gott hin wird meine Seele still

PSALM 62

Nur zu Gott hin wird meine Seele still,
von ihm allein kommt mir Hilfe.
Nur er ist mein Fels und meine Hilfe,
meine Burg, – ich werde nicht wanken.
Wie lange berennt ihr alle den einen,
ihn zu fällen wie eine schwankende Wand,
wie eine Mauer, die einstürzt?
Ja, von seiner Höhe wollen sie ihn stoßen,
sie haben Gefallen am Lügen.
Sie segnen mit ihrem Mund,
im Herzen aber fluchen sie.
Nur zu Gott hin werde still, meine Seele,
denn von ihm kommt mir Hoffnung.
Nur er ist mein Fels und meine Hilfe,
meine Burg, – ich werde nicht wanken.
Auf Gott ruht mein Heil und meine Ehre,
Gott ist mein schützender Fels,
meine Zuflucht.
Vertraue ihm, o Volk, zu jeder Zeit!
Schüttet vor ihm euer Herz aus!
Denn Gott ist unsere Zuflucht.
Nur ein Hauch sind die Menschen,
nur Trug sind die Mächtigen.
Sie schnellen empor auf der Waage,
leichter als ein Hauch sind sie alle.
Vertraut nicht auf Gewalt,
und setzt nicht leere Hoffnung auf Raub!

Wenn der Reichtum wächst,
so hängt nicht euer Herz daran.
Eines hat Gott gesagt, – zwei Dinge habe ich gehört:
Die Macht ist bei Gott und bei dir, Herr, die Liebe,
denn du wirst jedem nach seinem Tun vergelten.

## Gott, du mein Gott, dich suche ich

PSALM 63

Gott, du mein Gott, dich suche ich,
nach dir dürstet meine Seele.
Nach dir schmachtet mein Leib
wie dürres, lechzendes Land ohne Wasser.
So schaue ich dich im Heiligtum
und sehe deine Macht und deine Herrlichkeit.
Ja, deine Liebe ist besser als das Leben.
Meine Lippen sollen dich rühmen!
So will ich dich preisen mein Leben lang,
in deinem Namen meine Hände erheben.
Wie an Fett und Mark wird satt meine Seele.
Mein Mund singe Lob mit jubelnden Lippen!
Wenn ich an dich denke auf meinem Lager,
sag ich von dir in nächtlichem Wachen:
»Du wurdest meine Hilfe,
im Schatten deiner Flügel darf ich jubeln;
an dir hängt meine Seele,
mich hält deine Rechte.«
Die mir nachstellen, um mich zu verderben,
sie müssen hinab in die Tiefen der Erde.
Der Gewalt des Schwertes gibt man sie preis,
den Schakalen werden sie zur Beute.
Der König aber freue sich an Gott!
Wer bei ihm schwört, darf sich rühmen.
Doch allen Lügnern wird der Mund geschlossen.

## Wahrlich, Gott ist gut für Israel

PSALM 73

Wahrlich, Gott ist gut für Israel,
für jene, die lauteren Herzens sind.
Ich aber – fast wären meine Füße gestrauchelt,
ums Haar wären ausgeglitten meine Schritte.
Denn ich habe mich über die Prahler ereifert,
da ich das Glück der Frevler sah:
Sie haben keine Qualen,
ihr Leib ist gesund und wohlgenährt.
Sie kennen nicht die Mühsal der Sterblichen,
sind nicht geplagt wie andere Menschen.
Darum ist Hoffart ihr Halsschmuck,
wie ein Gewand umhüllt sie Gewalttat.
Aus üppigem Fett blickt ihr Auge,
ihr Herz läuft über von eitlen Gebilden.
Sie höhnen und reden voll Bosheit,
von oben herab reden sie Unterdrückung.
Sie reißen das Maul auf bis zum Himmel,
ihre Zunge ergeht sich auf der Erde.
Darum kehrt sich sein Volk ihnen zu
und schlürft von ihnen Wasser in Fülle.
Sie sprechen ja: »Wie sollte Gott davon wissen?
Gibt es denn ein Wissen beim Höchsten?«
Siehe, so sind die Frevler:
Immer sorglos im Glück,
häufen sie Reichtum auf Reichtum.
Wahrlich, umsonst bewahrte ich lauter mein Herz
und wusch meine Hände in Unschuld.

Ich wurde ja alle Tage geplagt
und jeden Morgen von neuem gezüchtigt.
Hätte ich nun gesagt: »Ich will reden wie sie«,
siehe, ich hätte das Geschlecht deiner Kinder verraten.
Da dachte ich nach, um das zu begreifen,
– eine Qual war es in meinen Augen,
bis ich eintrat ins Heiligtum Gottes
und inne wurde, wie es mit ihnen ausgeht:
Wahrlich, du stellst sie auf schlüpfrigen Grund,
in Trug und Täuschung lässt du sie fallen.
Wie werden sie im Nu zum Entsetzen,
sind dahingerafft, nehmen ein Ende mit Schrecken!
Wie einen Traum beim Erwachen
verachtest du ihr Schattengebilde, Herr,
wenn du aufstehst.
Als sich mein Herz verbitterte,
und Schmerz in meinen Nieren bohrte,
da war ich töricht und ohne Verstand,
war wie ein dummes Tier – und war doch bei dir.
Ja, bei dir bin ich schon immer:
du hast meine rechte Hand ergriffen.
Du leitest mich nach deinem Ratschluss,
hernach nimmst du mich auf in Herrlichkeit.
Wen sonst hab ich im Himmel?
Bin ich bei dir, habe ich keine Lust an der Erde.
Mag Fleisch und Herz mir vergehen,
Gott bleibt der Fels meines Herzens,
mein Anteil auf ewig.

Doch siehe, wer dir fern bleibt, geht zugrunde,
jeden, der dich treulos verlässt,
bringst du zum Schweigen.
Ich aber – Gott nahe zu sein, ist für mich gut.
Gott, den Herrn, machte ich zu meiner Zuflucht.
Von allen deinen Werken will ich reden.

## Wie liebenswert ist deine Wohnung

PSALM 84

Wie liebenswert ist deine Wohnung,
du Herr der Scharen!
Meine Seele verzehrt sich in Sehnsucht
nach den Höfen des Herrn.
Mein Herz und mein Fleisch,
sie jauchzen hin zu Gott, dem Lebendigen.
Auch der Sperling findet ein Haus,
ein Nest die Schwalbe,
um ihre Jungen zu hegen bei deinen Altären.
Herr der Scharen,
mein König und mein Gott:
Selig, die in deinem Hause wohnen,
sie dürfen allezeit dich preisen.
Selig die Menschen, denen Kraft kommt von dir,
die sich zur Wallfahrt entschließen.
Wandern sie durchs Wüstental,
so machen sie es zur Oase,
und Frühregen hüllt es in Segen.
Sie schreiten fort von Kraft zu Kraft.
Der Gott der Götter lässt sich schauen auf dem Zion.
Herr, Gott der Scharen,
höre mein Beten,
vernimm es, du Gott Jakobs.
O Gott, sieh her auf unseren Schild,
und schau auf das Antlitz deines Gesalbten.
Ja, ein einziger Tag in deinen Höfen
ist besser als tausend andere.

Das ziehe ich vor:
An der Schwelle zu stehen im Haus meines Gottes,
statt zu wohnen in den Zelten der Frevler.
Denn Sonne und Schild ist der Herr,
Gott ist Gnade und Herrlichkeit.
Der Herr wird geben,
er versagt kein Gut
denen, die in Lauterkeit leben.
Herr der Scharen:
Selig die Menschen,
die auf dich vertrauen!

## Wer wohnen darf im Schutz des Höchsten

PSALM 91

Wer wohnen darf im Schutz des Höchsten,
im Schatten des Allmächtigen ruht er.
Ich sage zum Herrn:
»Du meine Burg und meine Zuflucht,
mein Gott, auf den ich vertraue!«
Ja, er entreißt dich der Schlinge des Jägers
und der Pest des Verderbens.
Mit seinen Schwingen deckt er dich,
du findest Zuflucht unter seinen Flügeln.
Ein Schild und ein Schutzwall ist seine Treue.
Du brauchst vor dem Schrecken der Nacht
nicht zu bangen,
noch vor dem Pfeil, der am Tage daherschwirrt,
nicht vor der Pest, die im Dunkel umgeht,
noch vor der Seuche, die am Mittag wütet;
fallen auch tausend an deiner Seite,
Zehntausende zu deiner Rechten:
dich wird es nimmer treffen,
nur schauen wirst du es mit deinen Augen
und sehen, wie die Frevler Vergeltung trifft:
»Ja, du, o Herr, bist meine Zuflucht!«
Zur Wohnung nahmst du dir den Höchsten:
dir wird kein Unheil widerfahren,
kein Leid wird deinem Zelte nahen.
Denn er hat seinen Engeln befohlen,
dich zu behüten auf all deinen Wegen.
Sie werden dich auf Händen tragen,

damit dein Fuß an keinem Stein sich stoße.
Du wirst über Löwen und Schlangen gehn,
wirst Leu und Drachen zertreten.
»Weil er mir anhängt, will ich ihn retten,
ich schütze ihn, denn er kennt meinen Namen.
Ruft er zu mir, dann will ich ihn erhören,
in der Drangsal will ich bei ihm sein,
ich reiß ihn heraus und bring ihn zu Ehren.
Ich will ihn sättigen mit langem Leben
und lasse mein Heil ihn schauen.«

## Den Herrn will ich feiern von ganzem Herzen

PSALM 111

Halleluja!
Den Herrn will ich feiern von ganzem Herzen,
im Kreis der Redlichen, in der Gemeinde.
Groß sind die Werke des Herrn,
bedenkenswert für alle, die sie lieben.
Hoheit und Pracht ist sein Walten,
und seine Gerechtigkeit besteht für immer.
Ein Gedächtnis seiner Wunder hat er gestiftet,
der Herr ist barmherzig und gnädig.
Speise gab er denen, die ihn fürchten,
seines Bundes gedenkt er auf ewig.
Die Macht seiner Werke hat er seinem Volke kundgetan,
um ihm das Erbe der Völker zu geben.
Die Werke seiner Hände sind treu und gerecht,
zuverlässig sind alle seine Gebote.
Sie stehen fest für immer und ewig,
geschaffen in Treue und Redlichkeit.
Erlösung hat er seinem Volk gesandt,
seinen Bund bestimmt auf ewige Zeiten.
Heilig und furchtgebietend ist sein Name.
Die Furcht des Herrn ist der Anfang der Weisheit,
einsichtig sind alle, die danach handeln.
Sein Ruhm wird bestehen für immer.

## Lobet, ihr Knechte des Herrn

PSALM 113

Halleluja!
Lobet, ihr Knechte des Herrn,
lobt den Namen des Herrn!
Der Name des Herrn sei gepriesen
von nun an bis in Ewigkeit!
Vom Aufgang der Sonne bis zu ihrem Untergang
wird gelobt der Name des Herrn.
Erhaben ist der Herr über alle Völker,
über die Himmel seine Herrlichkeit.
Wer gleicht dem Herrn, unserm Gott,
der oben thront in der Höhe,
der in die Tiefe niederschaut
auf Himmel und Erde?
Den Geringen richtet er auf aus dem Staub,
aus dem Schmutz erhebt er den Armen:
Er lässt ihn thronen bei Fürsten,
bei den Fürsten seines Volkes.
Die Kinderlose des Hauses lässt er thronen
als frohe Mutter von Kindern.
Halleluja!

## Ich hebe meine Augen auf zu den Bergen

PSALM 121

Ich hebe meine Augen auf zu den Bergen:
Woher kommt mir Hilfe?
Hilfe kommt mir vom Herrn,
der Himmel und Erde gemacht hat.
Er lässt deinen Fuß nicht wanken,
der dich behütet, schläft nicht.
Wahrlich, der Hüter Israels,
er schläft und schlummert nicht.
Der Herr ist dein Hüter!
Der Herr ist dein Schatten zu deiner Rechten!
Bei Tag kann dir die Sonne nicht schaden
und nicht der Mond in der Nacht.
Der Herr behütet dich vor allem Unheil,
er behütet dein Leben.
Der Herr behütet dein Gehen und dein Kommen
von nun an auf ewig.

## Wäre da nicht der Herr gewesen, der uns beistand

PSALM 124

Wäre da nicht der Herr gewesen, der uns beistand,
– so soll Israel sprechen! –
wäre da nicht der Herr gewesen, der uns beistand,
als Menschen sich gegen uns erhoben,
dann hätten sie uns lebendig verschlungen,
als gegen uns ihr Zorn entbrannte;
dann hätten die Wasser uns überflutet,
dann hätte sich über uns ein Wildbach ergossen,
dann hätten sich über uns ergossen
die wilden und wogenden Wasser.
Gepriesen sei der Herr!
Er gab uns ihren Zähnen nicht zur Beute.
Wir sind entwichen
wie ein Vogel aus dem Netz des Jägers,
das Netz ist zerrissen, und wir sind entwischt!
Unsere Hilfe ist im Namen des Herrn,
der Himmel und Erde gemacht hat.

## Da waren wir wie Träumende

PSALM 126

Als der Herr das Los der Gefangenschaft Zions wendete,
da waren wir wie Träumende.
Da war unser Mund voll Lachen
und unsere Zunge voll Jauchzen.
Da sagte man unter den Völkern:
»Groß hat der Herr an ihnen gehandelt!«
Ja, groß hat der Herr an uns gehandelt.
Da waren wir fröhlich.
Wende doch, Herr, unser Geschick,
wie du die Trockentäler füllst im Südland.
Die mit Tränen säen,
sie werden ernten mit Jauchzen.
Sie gehen, sie gehen und weinen
und tragen den Samen zur Aussaat.
Sie kommen, ja kommen mit Jauchzen
und tragen ihre Garben.

## Gepriesen bist du, Herr, du Gott unsrer Väter

DANIEL 3,52–56

Gepriesen bist du, Herr, du Gott unsrer Väter,
– gelobt und hoch erhoben in Ewigkeit. –
Gepriesen ist deiner Herrlichkeit heiliger Name,
– gelobt und hoch erhoben in Ewigkeit. –
Gepriesen bist du im Tempel deiner heiligen Herrlichkeit,
– gelobt und hoch erhoben in Ewigkeit. –
Gepriesen bist du auf dem Thron deiner Herrschaft,
– gelobt und hoch erhoben in Ewigkeit. –
Gepriesen bist du, der auf den Kerubim thront
und niederschaut in die Tiefen des Abgrunds,
– gelobt und hoch erhoben in Ewigkeit. –
Gepriesen bist du in der Feste des Himmels,
– gelobt und hoch erhoben in Ewigkeit. –

## Meine Seele preist die Größe des Herrn

LUKAS 1,46–55

Meine Seele preist die Größe des Herrn,
es jubelt mein Geist über Gott, meinen Heiland.
Denn seine niedrige Magd hat er in Gnaden angesehn.
Siehe, von nun an preisen mich selig alle Geschlechter.
Denn Großes hat an mir getan der Mächtige,
und sein Name ist heilig.
Sein Erbarmen währt von Geschlecht zu Geschlecht
über denen, die ihn fürchten.
Mit seinem Arm vollbrachte er machtvolle Taten,
er hat zerstreut, die im Herzen voll Hochmut sind.
Die Mächtigen hat er vom Thron gestürzt
und hat erhöht die Niedrigen.
Die Hungrigen hat er erfüllt mit Gütern
und Reiche weggeschickt mit leeren Händen.
Er hat sich angenommen seines Knechtes Israel
eingedenk seines Erbarmens,
wie er es unseren Vätern verheißen hat,
Abraham und seinem Stamm auf ewig.

## Gepriesen sei der Herr, der Gott Israels

LUKAS 1,68–79

Gepriesen sei der Herr, der Gott Israels,
denn heimgesucht hat er sein Volk
und ihm Erlösung geschaffen.
Er ließ uns erstehn einen machtvollen Retter
im Hause seines Knechtes David,
wie er verheißen hat durch den Mund seiner Heiligen,
durch die Propheten der Vorzeit:
Er werde uns vor unseren Feinden erretten
und aus der Hand all derer, die uns hassen,
er werde sich unserer Väter erbarmen
und seines heiligen Bundes gedenken,
des Eides, den er geschworen unserm Vater Abraham:
uns zu geben, dass wir ihm furchtlos dienen,
befreit aus der Hand der Feinde,
in Heiligkeit und Gerechtigkeit vor seinem Angesicht
all unsre Tage.
Und du, mein Kind,
wirst »Prophet des Höchsten« genannt,
denn du wirst dem Herrn vorangehn
und ihm die Wege bereiten:
seinem Volk zu schenken die Erkenntnis des Heiles
in der Vergebung der Sünden
durch unseres Gottes erbarmende Liebe,
in der uns heimsucht das aufstrahlende Licht aus der Höhe,
um denen zu scheinen,
die in Finsternis sitzen und im Schatten des Todes,
unsere Füße zu lenken auf den Weg des Friedens.

## Nun entlässt du, o Herr, deinen Knecht

LUKAS 2,29–32

Nun entlässt du, o Herr, deinen Knecht
nach deinem Wort in Frieden.
Denn meine Augen haben dein Heil gesehen,
das du bereitet hast vor allen Völkern:
Licht, das den Heiden Offenbarung schenkt,
und Herrlichkeit für dein Volk Israel.

## Stimmt meinem Gott ein Lied an

JUDIT 16,1–15

Stimmt meinem Gott ein Lied an mit schallenden Pauken,
singt für den Herrn mit klingenden Zimbeln.
Preist ihn und singt sein Lob,
erhebt seinen Namen, rufet ihn an!
Denn der Herr ist ein Gott,
der den Kriegen ein Ende setzt.
Ich singe meinem Gott ein neues Lied:
Herr, du bist groß und herrlich,
wunderbar in deiner Kraft, unübertrefflich!
Dienen muss dir deine ganze Schöpfung;
denn du befahlst, – da trat sie ins Dasein.
Du sandtest deinen Geist, den Bau zu errichten.
Niemand kann deiner Stimme widerstehen.
Berge und Meere wanken in ihrem Grund,
Felsen zerschmelzen vor deinem Antlitz wie Wachs,
doch denen, die dich fürchten, erzeigst du dich gnädig.

## Gepriesen bist du, Herr

1 CHRONIK 29,10–13

Gepriesen bist du, Herr
Gott unsres Vaters Israel,
von Ewigkeit zu Ewigkeit!
Dein, o Herr, sind Größe und Kraft,
Ruhm und Glanz und Hoheit;
dein ist alles im Himmel und auf Erden.
Dein, o Herr, ist das Königtum.
Du erhebst dich als Haupt über alles.
Von dir kommen Reichtum und Ehre;
du bist Herrscher über alles.
In deiner Hand liegen Kraft und Stärke;
von deiner Hand kommt alle Macht und Größe:
Herr, unser Gott, wir danken dir,
wir rühmen deinen herrlichen Namen.

## Lasst uns zum Herrn beten

JOHANNES CHRYSOSTOMUS

Lasst uns zum Herrn beten!
Um den Frieden und das Heil unserer Seelen und der ganzen Gemeinde.
Für die heilige Kirche und ihre Priester, um die Vereinigung aller Gottsuchenden, um den Frieden der ganzen Welt.
Für alle Mühseligen und Beladenen.
Für alle eitlen, neidischen, hassenden Menschen.
Für unsere Feinde und Widersacher gleichwie für alle unsere Freunde, Wohltäter und Nächsten.
Für alle Sterbenden, deren letzter Tag und letzte Nacht gekommen ist.
Für alle, deren niemand mehr fürbittend gedenkt, für alle, die von den Menschen verstoßen wurden.
Für alle, die wir betrübt haben.
Für alle, die sich an der stummen Kreatur und an der Materie versündigten, für alle Gewalttätigen und Mächtigen, die Blut vergossen und erbarmungslos mit Hilflosen waren.

## Herr, verwandle erst meine Ähre in Brot

ISAAK VON ANTIOCHIEN

Tod, schleudere mich nicht in dein Feld, bevor ich guter Weizensame geworden bin!

Gott, lass mich nicht vor dein Angesicht kommen, bevor ich heilig geworden bin!

Von einem Augenblick zum andern werde ich von hundert Winden umhergetrieben; bald bin ich in der Höhe, bald in der Tiefe des Abgrunds, bald bin ich Herr meiner Seele, bald Sklave des Leibes, ihres Gefährten, bald bin ich ein König mit dem Diadem, bald ein elender Bettler. Ich ändere mich tausendmal, so wie ein Rad sich wendet.

Unkraut ist mit meinem Weizen vermischt und Spreu, und dein guter Same ist mitten unter Dornen auf dem Acker deines Knechtes!

Niemand außer dir allein, o Gott, erzähle ich diese meine Not!

Mein Verlangen zielt ja allein auf dich und deine große Barmherzigkeit!

Du, dem Lebende und Tote in gleicher Weise unterstehen, lass mich einmal nicht in meinen Sünden sterben!

Herr, verwandle erst meine Ähre in Brot, dann mag der Schnitter an mich herantreten!

## Erbarme dich meiner

MAKARIOS DER ÄGYPTER

Gott, du bist am Ende der Zeiten, als der Tag sich neigte,
zu unserer Erlösung gekommen.
Du hast Adam aus dem Paradies vertrieben und hast es
wieder geöffnet für ihn.
Durch deinen Kreuzestod erbarme dich meiner, da das
Ende meines Lebens herankommt und der Abend
sich naht.
Die Zeit ist zu kurz, um alle meine Flecken abzuwaschen.
Ich kann nicht mehr um viele Jahre bitten, damit ich
für meine Fehler büße.
Erbarme dich meiner, wenn die Zeit der Barmherzigkeit
zu Ende ist.
Schau in Frieden und Güte auf mich, wenn du in Strenge
zum Gericht kommst.
Heile mich hier auf Erden, und ich werde heil sein.

## Wie eine leuchtende Morgenröte

METHODIUS

Heilige Jungfrau!
Wie eine leuchtende Morgenröte bist du aufgegangen vor der Welt!
Du hast uns die Sonne der Herrlichkeit gebracht!
Durch dich wurde die schreckliche Nacht von der Erde vertrieben, du hast des Tyrannen Macht überwunden, hast Tod und Hölle besiegt.
Du hast die Feindschaft, die Gott und Menschen entzweite, geschlichtet.
Du hast uns den Frieden gesichert. Du hast die Krankheiten der Seele geheilt mit der Gnade der Heiligkeit.
Du hast den Erdkreis erleuchtet mit dem leuchtenden Lichte der Wahrheit!
Sei gegrüßt, Jungfrau Maria, du unerschöpflicher Brunn der Freude für die Menschheit!
Du kostbare Perle des Reiches Gottes!
Du lebendiger Altar des Brotes, das uns Nahrung ist zum ewigen Leben!
Sei gegrüßt, du Kleinod der Liebe des ewigen Vaters!
Sei gegrüßt, du Quelle der Barmherzigkeit des Sohnes!
Sei gegrüßt, du schattiger Berg des Heiligen Geistes!

## Gottes Weg will ich gehen

PATRICK

Ich erhebe mich heute durch eine gewaltige Kraft,
die Anrufung der Dreieinigkeit,
und bekenne den Schöpfer der Schöpfung.
Ich erhebe mich heute durch die Kraft Gottes,
die mich lenkt.
Gottes Macht halte mich aufrecht.
Gottes Auge schaue für mich.
Gottes Ohr höre für mich.
Gottes Wort spreche für mich.
Gottes Weg will ich gehen, sein Schild schütze mich.
Christus sei mir zur Rechten.
Christus sei mir zur Linken.
Er ist die Kraft – Er der Friede.
Christus sei, wo ich liege.
Christus sei, wo ich sitze.
Christus sei, wo ich stehe.
Christus in der Tiefe.
Christus in der Höhe.
Christus in der Weite.

## Erleuchte unsere Herzen

ALKUIN

O ewiges Licht, erleuchte unsere Herzen, ewige Güte, erlöse uns vom Übel.
O ewige Macht, sei du unsere Hilfe.
Ewige Weisheit, zerstreue das Dunkel unserer Unwissenheit.
Ewige Erbarmung, habe Nachsicht mit uns.
Gewähre uns, dass wir aus ganzem Gemüt und aller Kraft allezeit dein Antlitz suchen; und endlich führe uns in deiner unermesslichen Barmherzigkeit zu deiner heiligen Gegenwart. Stärke unsere Schwachheit, dass wir den Fußstapfen deines gebenedeiten Sohnes folgen, deine Gnade gewinnen und eintreten in deine erheißene Freude.

## Schenke auch das Übrige

ANSELM VON CANTERBURY

Ich beschwöre dich, erhöre mein Gebet, du hast es mir ja eingegeben und geschenkt, noch bevor ich zu dir gerufen.

Schau herab auf mich Bittflehenden; du verschmähtest es doch nicht, nach mir zu schauen, da ich in die Irre ging.

Herr, du Erbarmer, du wolltest gewiss nicht umsonst dieses Gebet mir eingeben; nicht hast du es mir geschenkt, damit es fruchtlos bliebe.

Du hast es mir deshalb schenken wollen, auf dass du mich erhören könntest.

Du hast mir deshalb eingegeben, dich um Hilfe zu bitten, auf dass du dich meiner, des Sünders erbarmen könntest.

Du hast mir das erste Angeld deiner Barmherzigkeit schon zugewiesen; schenke auch das Übrige!

## Überreiche Quelle aller Gnaden

ANSELM VON CANTERBURY

O Herr Jesu, wie gut und süß bist du gegen die Seele, die dich sucht!

Jesus, Erlöser der Gefangenen, Retter der Verlorenen, Hoffnung der Verbannten, Stärke der Mühseligen; du Weite für das geängstigte Herz, du wonnevoller Trost und süße Erquickung für die Seele, die in Tränen sich abmüht, dir nachzueilen; du Kranz der Sieger, du einziger Lohn und einzige Freude der Himmelsbürger, überreiche Quelle aller Gnaden, du hocherlauchter Spross des höchsten Gottes!

Höchster Gott, dich soll preisen alles, was da ist im Himmel droben und auf Erden unten, weil du der Große bist und dein Name heilig ist.

O unvergängliche Zier des erhabenen Gottes!

Lauterste Klarheit des ewigen Lichtes, Leben, jedes Leben belebend, Licht, jedes Licht erleuchtend und erhaltend in ewigem Glanz, das in tausend und abertausenden von Leuchten sprüht vor dem Throne deiner göttlichen Hoheit seit des Weltenmorgens Dämmerung.

## Im Schutze deiner Flügel geborgen

ANSELM VON CANTERBURY

O Herr Jesu, alle, die dich lieben, mögen erfüllt werden mit deinen Segnungen!

Die da hintreten zu dir, mögen aufgeschrieben sein im Himmel, auf dass sie, im Schutze deiner Flügel geborgen, Frieden haben in Ewigkeit!

Dir aber, einziger Sohn Gottes, dir sei mit dem ewigen Vater und dem Heiligen Geiste unaufhörliches Lob, unvergänglicher Ruhm und festgegründete Herrschaft, dauernd in alle Ewigkeit.

## Dich rufe ich in meine Seele

ANSELM VON CANTERBURY

Mildester Gott, dich rufe ich in meine Seele!
Du hast sie ja vorbereitet, dich aufzunehmen, durch das Verlangen, das du ihr eingehaucht.
Ich bitte dich, tritt ein und richte sie her für dich!
Nimm sie in Besitz, die du gemacht und wiederhergestellt hast!
Ich will dich wie ein Siegel auf meinem Herzen haben.
Ich bitte dich, Huldreicher, verlass mich nicht, wenn ich rufe nach dir; denn bevor ich noch rief nach dir, hast du mich gerufen.
Du hast mich gesucht, damit ich, dein Knecht, dich suchen, suchend dich finden und den Gefundenen lieben könne.
Herr, ich habe dich gesucht und gefunden; nun verlange ich auch, dich zu lieben.
Mehre mein Verlangen!
Gib, um was ich bitte!
Denn gäbest du mir auch alles, was du geschaffen, deinem Knechte wäre es nicht genug, wenn du dich nicht selbst gibst.
Gib mir dich selbst, mein Gott, gib mir dich wieder!

## Nach deinem Angesicht, o Herr, verlange ich

ANSELM VON CANTERBURY

Wohlan denn, Menschenkind, fliehe jetzt ein wenig die irdischen Geschäfte, verbirg dich eine Weile vor deinen lärmenden Gedanken, wirf jetzt ab deine drückenden Sorgen und schiebe beiseite die hindernde Arbeit!

Mache dich ein Weilchen frei für Gott; ruhe ein Weilchen in ihm.

Tritt ein in das Gemach deines Geistes. Wehre allem den Zugang außer Gott und dem, was dir beim Suchen nach ihm dienlich ist.

Schließe die Türe und suche ihn.

Dann, mein Herz, dann sprich zum Herrn: »Ich suche dein Angesicht; nach deinem Angesicht, o Herr, verlange ich!«

## Herr, lehre mich, dich suchen

ANSELM VON CANTERBURY

Erlaube mir, dass ich von weitem oder doch aus der Tiefe dein Licht anschaue.

Herr, lehre mich, dich suchen, und zeige dich dem Suchenden; denn ich kann dich ja nicht suchen, wenn du es nicht lehrst, und ich kann dich ja nicht finden, wenn du dich mir nicht zeigst.

Sehnsüchtig will ich dich suchen und im Suchen die Sehnsucht steigern; liebend will ich dich finden und beim Finden noch mehr dich lieben.

Herr, ich vermesse mich nicht, einzudringen in deine Tiefe; denn mein Verstand hält keineswegs einen Vergleich damit aus.

Aber ich wünsche doch ein wenig deine Wahrheit zu erkennen, jene Wahrheit, die mein Herz glaubt und liebt.

Ich strebe ja nicht danach, Erkenntnis zu gewinnen, damit ich glauben könne, sondern ich glaube, um Erkenntnis zu gewinnen.

## Lass mich dich erkennen und mich an dir freuen

ANSELM VON CANTERBURY

Mein Gott, ich bitte dich, lass mich dich erkennen, dich lieben und mich an dir freuen. Und kann ich in diesem Leben nicht zur Vollendung kommen, dann lass mich wenigstens Tag für Tag darin Fortschritte machen, bis ich zu jener Vollendung komme.

Hier mehre sich mein Wissen von dir, dort möge es vollendet werden.

Hier wachse meine Liebe zu dir, dort möge sie vollendet werden.

So möge hier meine Freude groß sein in hoffender Erwartung, dort möge sie in dir vollendet werden.

Herr, durch deinen Sohn gibst du uns den Befehl, ja den Rat, dich zu bitten, und versprichst, wir sollen vollkommene Freude erhalten.

Herr, ich bitte um das, was du durch deinen herrlichen Berater ratest, damit ich erhalte, was du durch deine Wahrheit versprichst, dass nämlich meine Freude vollkommen werde!

Bis dahin soll mein Verstand nachdenken über die Freude an dir, meine Zunge davon reden, mein Herz soll sie lieben, mein Mund sich darüber unterhalten, meine Seele danach hungern, mein Leib danach dürsten, mein ganzes Wesen sich danach sehnen, bis ich eintrete in die Freude meines Herrn, der da ist der dreieinige Gott, hochgelobt in alle Ewigkeit.

## Sei gegrüßt, geliebter Jesus

BERNHARD VON CLAIRVAUX

Sei gegrüßt, Heil der Welt, sei gegrüßt, geliebter Jesus.
Gerne will ich deinem Kreuz gefügig werden,
Du weißt selbst, warum. Leih dich aus an mich, präge deine roten, deine tiefen Wunden auch tief ein in mein Herz, damit ich dich in jeder Weise liebe, damit ich so dir gleichförmig werde.
Aufrecht am Kreuz, blicke du auf mich, mein Geliebter.
Zieh mich ganz an dich und sprich zu mir: »Ich heile dich, alles vergebe ich dir.«
Siehe, von deiner Liebe entzündet, umarme ich dich und erröte; ich gleiche mich dir an.
Ach, nur zu gut weißt du den Grund, doch ertrage mich und weis mich nicht ab.
Mag meine Kühnheit dir nicht missfallen – so krank und befleckt ich auch bin.
Mag dein Blut, das doch überall hier fließt, mich waschen, mich heilen und alle Flecken von mir nehmen.

## Komm, Heiliger Geist

BERNHARD VON CLAIRVAUX

Komm, Heiliger Geist, und sprich immer zu meinem Herzen.
Gefällt es dir jedoch, zu schweigen, so möge dieses dein Schweigen zu mir reden.
Denn ohne dich bin ich stets in Gefahr, meinen Irrtümern nachzugehen und sie mit deinen Lehren zu vermengen.

## Mein Gott, mein Helfer, ich will lieben

BERNHARD VON CLAIRVAUX

»Ich will dich also lieben, Herr, meine Stärke, mein Schutz, meine Zuflucht und mein Befreier« (Ps 18,2f.), mein Inbegriff von allem, was ich nur wünschen und lieben kann.

Mein Gott, mein Helfer, ich will lieben entsprechend deiner Gabe und entsprechend meinem Maß. Das ist zwar weniger, als angebracht wäre, aber nicht weniger, als ich kann.

Denn ich kann dich zwar nicht so sehr lieben, wie ich sollte, aber ich kann nicht mehr, als ich kann.

Allerdings könnte ich mehr, falls du mir zu mehr verhelfen würdest, aber niemals wirklich so viel, wie du eigentlich verdienen würdest.

»Wie unvollkommen das Meine ist, haben deine Augen gesehen«, aber dennoch »sind alle in dein Buch geschrieben« (Ps 139,16), die tun, was sie zu tun vermögen, selbst wenn sie es nicht vermögen, all das zu tun, was sie eigentlich tun müssten.

## Du lässt dich suchen

BERNHARD VON CLAIRVAUX

Gut bist du Herr, zur Seele, die dich sucht (Klgl 3,25).
Und wie erst zu der, die dich findet?
Das Wundervolle aber ist, dass dich niemand suchen kann, der dich nicht schon vorher gefunden hat.
Du lässt dich suchen, um gefunden zu werden, und du lässt dich finden, um gesucht zu werden.
Du lässt dich suchen, und du lässt dich finden; aber zuvorkommen lässt du dir nicht. Wir mögen zwar sprechen: »Am Morgen komme mein Gebet dir zuvor« (Ps 88,14), aber zweifellos ist jedes Gebet kümmerlich, dem nicht deine Eingebung zuvorkommt.

## Den Baum des Lebens pflanztest du mir ein

HILDEGARD VON BINGEN

Alles durchdringst du, die Höhen, die Tiefen und jeglichen Abgrund.
Du bauest und bindest alles.
Durch dich träufeln die Wolken, regt ihre Schwingen die Luft und rinnen die Bächlein.
Du führest die Geister, die gläubig dich trinken, ins Weite, hauchst ihnen Weisheit ein und mit der Weisheit die Freude.
Gepriesen bist du, Herr, gepriesen bist du nur allein.
Gepriesen bist du, o Erbarmer. Über allen Preisgesang bist du gepriesen.
Du senktest in mein Herz mir deiner Satzung Licht.
Den Baum des Lebens pflanztest du mir ein.
Du schufst mich um zu einem Himmelsgarten inmitten jener Wesen, die man schauen kann.
In diese Sinnenwelt hast du als einsichtsvolles Wesen mich dargestellt und ließest dennoch mich als Sinnenwesen in der einsichtsvollen Welt.

## Ich lobe und preise deine unerforschliche Weisheit

MECHTILD VON HACKEBORN

Ich lobe und benedeie deine unfassbare Allgewalt, o herrlicher Jesus, die dich im Leiden so ganz ohnmächtig werden ließ aus Liebe zu uns Menschen.
Ich lobe und preise deine unerforschliche Weisheit, die dich antrieb, für einen Toren zu gelten.
Ich lobe und rühme deine unfassliche Menschlichkeit, die dich aus freiem Antrieb zum Opfer des Hasses werden ließ in Liebe für deine Auserwählten.
Ich lobe und rühme deine milde Geduld, die dich den grausamsten Tod erleiden ließ aus Liebe zu uns.
Ich liebe und bete an deine süße Milde, die dich des Todes Bitterkeit kosten ließ.

## Lass mich in dir in Frieden ruhen

GERTRUD DIE GROSSE

O Liebe, du bist mein trauter Abendschein. Wenn einst des Lebens Abendschein hereinbricht für mich, dann lass mich sanft entschlummern und jene Ruhe finden, die deinen Lieben bereitet ist. Bedecke dann meine Dürftigkeit mit deiner unendlichen Güte und verhülle die Blößen meines armen, unzureichenden Lebens, dass meine Seele getröstet, geborgen sei in deiner seligen Liebe.

Nun denn, o Lieber, befehle ich dir mein Leben und meine Seele.

Lass mich in dir in Frieden ruhen!

## Mein Gott, dich habe ich lieb

GERTRUD DIE GROSSE

Gott, mein Gott, zu dir erwach' ich mit dem Morgenlicht.
Meine Seele dürstet nach dir, und es schmachtet nach dir mein Fleisch im wüsten, weglosen Land.
Ich erscheine vor dir, um deine Kraft und deine Herrlichkeit zu schauen.
Mein Gott, dich habe ich lieb von ganzem Herzen.
Du bist meine Seligkeit, meine Hoffnung und Freude, mein höchstes, köstlichstes Gut.
In Demut meines Herzens danke ich dir für alle deine Wohltaten: für die Liebe, mit der deine unverdiente Erbarmung mich von Ewigkeit her auserwählt und zu meinem ewigen Heil an dich gezogen hat, auch dass du so innig mich dir vereinigt und mich würdig gemacht hast, Gegenstand deines Wohlgefallens zu sein, und dass du mich schließlich hinführen willst zur Vollendung der Seligen.
Einzig deiner Güte verdanke ich alles ohne jedes Verdienst von meiner Seite, mein höchstes, ganzes, wahrhaftes, ewiges Gut!

## Erbarme dich doch über meine Kinder

GEBET EINER MUTTER AUS JERUSALEM

Herr der ganzen Welt, barmherziger Vater und König, erbarme dich doch über meine Kinder und öffne ihr Herz deiner Lehre.

Mache ihr Herz weit und breit in der Lehre, dass sie verstehen den Sinn und die verborgenen Geheimnisse deiner lieben Lehre.

Lasse sie sie lernen um deines heiligen Namens willen.

Lasse auch sie einst gute, fromme Kinder haben.

Lasse sie erfüllt sein mit Lehre, Weisheit und Gottesfurcht, und sie sollen geliebt sein von dir, Gott, und allen Leuten.

Lasse mich und meinen Mann sie erziehen zu langen Jahren und Tagen, dass sie alle sollen leben bleiben nach meinem Tod und meines Mannes Tod, und es soll keines von unseren Kindern sterben in unserem Leben.

## Du hast uns erschaffen, deinen Willen zu tun

RABBI TANCHUM BAR SCHOLASTIKA

Dein Wille sei es, den bösen Trieb aus unseren Herzen zu reißen.
Denn du hast uns erschaffen, deinen Willen zu tun.
Du möchtest es, und wir möchten es.
Und wer hindert uns?
Der Sauerteig im Teig.
Es ist dir offenkundig, dass wir vergeblich dagegen ankämpfen.
So nimm du, o Herr, ihn von uns und bezwinge ihn, damit wir mit ganzem Herzen tun können, wie du es willst.

## Mache uns zu lebendigen Menschen

SERAPION VON THMUIS

Wir loben dich, unerschaffener Gott, unerforschlich, unaussprechbar und unbegreiflich für jedes erschaffene Wesen.

Wir loben dich, der vom eingeborenen Sohn erkannt wird, der durch ihn der erschaffenen Natur verkündet, dargestellt und bekannt gemacht worden ist.

Wir loben dich, der den Sohn erkennt und seine Herrlichkeiten den Heiligen offenbart, dich, der erkannt wird von seinem gezeugten Wort und in ihm den Heiligen sichtbar ist.

Wir loben dich, unsichtbarer Vater, Spender der Unsterblichkeit.

Du bist die Quelle des Lebens, die Quelle des Lichtes, die Quelle jeder Gnade und jeder Wahrheit, Liebhaber der Menschen und Freund der Armen, der sich mit allen versöhnt und durch die Heimsuchung seines geliebten Sohnes alle zu sich zieht.

Wir bitten dich: Mache uns zu lebendigen Menschen; gib uns den Geist des Lichtes, dass wir dich erkennen, den Wahren, und den du gesandt hast, Jesus Christus.

## Vaters Allmacht kündend

SYNESIUS VON KYRENE

Gewähre deinem Sänger,
dass, dich im Lied erhebend,
lobsingend deinem Urgrund,
des Vaters ewige Hoheit,
den Geist auch, gleichen Thrones,
des Zweigs, der Wurzel Mitte,
und Vaters Allmacht kündend,
dich singend, schmerzentbunden,
die Seele Frieden finde.
Preis dir, des Sohnes Quelle,
Preis dir, des Vaters Abglanz,
Preis dir, des Sohnes Feste,
Preis dir, des Vaters Bildnis,
Preis dir, des Sohnes Stärke,
Preis dir, des Vaters Schöne,
Preis dir, Geist, ewigen Wesens,
des Sohns und Vaters Einung:
Send ihn, du mit dem Vater,
dass mir die Seel erquicke
der Gottesgaben Fülle.

## Lass dies Herz dich lieben

HRABANUS MAURUS

Allmächtiger, zu dir redet mein Gemüt, zu dir meines Herzens tiefste Not.

Was meine Zunge, meine Hand und meine Lippen beten, was ein zerknirschtes Herz, ein redlich Tun, ein heiliges Wollen, es ist dein: dein Lob, dein Lied, o milder Herre Christ.

Dir huldigt, Herr, zerknirscht und fröhlich doch, mein ganzes Sein und spricht, vor deinem Kreuze hingeworfen: Lass deines Frühlings Knospe, deines Altars Gabe, lass dies Herz dich lieben!

Nur diesen Brand entfache, nur diese Unbrunst schüre meine Seele, nur dies lass Durst und Hunger und unnennbare Sehnsucht mir sein – nur dies, dass du mich mild empfängst, mich armen Knecht, der sich zum Opfer ganz dir geweiht: dir guter Jesus.

## Wessobrunner Gebet

ENTSTANDEN UM 800 IM KLOSTER WESSOBRUNN

Das erfuhr ich bei den Menschen als das erstaunlichste Wissen:
Dass die Erde nicht war noch das Firmament, weder Baum noch Berg, kein Stein und die Sonne nicht schien, noch der Mond leuchtete und das herrliche Meer nicht war.
Als da nichts existierte an Enden und Wenden, da war der eine allmächtige Gott, das freigebigste aller Wesen und bei ihm waren viele herrliche Geister.
Und Gott ist heilig.

## Herr meiner Stunden und meiner Jahre

MARTIN LUTHER

Herr meiner Stunden und meiner Jahre,
du hast mir viel Zeit gegeben.
Sie liegt hinter mir und sie liegt vor mir.
Sie war mein und wird mein,
und ich habe sie von dir.
Ich danke dir für jeden Schlag der Uhr
und für jeden Morgen, den ich sehe.
Ich bitte dich, dass ich ein wenig dieser Zeit
freihalten darf von Befehl und Pflicht,
ein wenig für Stille, ein wenig für Spiel,
ein wenig für die Menschen am Rande meines Lebens,
die einen Tröster brauchen.

## Ich danke dir für diesen Morgen

Barmherziger und guter Gott. Ich danke dir für diesen Morgen. Du lässt mich wieder gesund aufstehen, um diesen neuen Tag zu leben. Segne diesen Tag.
Segne das Werk meiner Hände, damit alles, was ich in die Hand nehme, zum Segen wird für die Menschen.
Segne die Menschen, die mir lieb sind, mit denen ich mich verbunden fühle, meine Familie, meine Freunde.
Segne die Menschen, denen ich heute begegnen werde, dass die Begegnungen uns Segen bringen, dass jeder von uns bereichert aus der Begegnung herausgeht.
Segne die Menschen, denen es heute schwerfällt, aufzustehen, weil sie Angst haben vor diesem neuen Tag.
Segne die, die nicht aufstehen können, weil sie krank sind. Halte du deine segnende und schützende Hand über sie.
Segne die Menschen, die mich verletzt haben, denen ich nicht gerne begegne, weil ich mich in ihrer Nähe unwohl fühle. Schenke ihnen deinen Frieden. Lass mich, wenn ich ihnen heute begegne, immer daran denken, dass deine segnende Hand auch sie begleitet.
So segne diesen Tag und alles, was mir heute widerfährt, damit ich in allem deinen Segen erkenne und erfahre.

## Morgengebet

AUS ÄTHIOPIEN

Wie du uns die ganze Nacht bewahrtest
und uns des Tages Licht erreichen ließest,
bewahre uns, o Herr, in Heil und Frieden,
ohne Sünde und Versuchung, du Barmherziger.
Gott, unser Herr, wir erhöhen und preisen dich.
Alle Scharen des Himmels preisen dich,
die Engel loben dich und alle Geschöpfe beten zu dir.
Wir erhöhen dich, wir heiligen dich,
unser Vater, unser Herr,
unser Gott, unser Schöpfer.

## Entreiße uns der Finsternis

HYMNUS DES BENEDIKTINISCHEN ANTIPHONALES

Du Gott des Lichts, dem Vater gleich,
du Licht, dem unser Licht entspringt,
du ew'ger Tag: hör unser Flehn,
das aus der Nacht zum Himmel dringt.

Entreiße uns der Finsternis
und aller Angst der Erdennacht,
streif ab von uns die Müdigkeit,
die uns zum Guten träge macht.

Du, Christus, bist das Licht der Welt,
der Gott, dem gläubig wir vertraun,
auf den im Dunkel dieser Zeit
wir alle unsre Hoffnung baun.

Aus ganzem Herzen preisen wir
dich, Christus, Herr der Herrlichkeit,
der mit dem Vater und dem Geist
uns liebt in alle Ewigkeit.

## Auf der Fahrt zur Arbeit

Gütiger Vater, jetzt da ich zur Arbeit fahre, bitte ich dich, segne mich, damit ich mit innerem Frieden und Heiterkeit meinen Arbeitsplatz betrete, dass ich die Menschen freundlich begrüßen kann, die heute mit mir arbeiten oder denen ich bei der Arbeit begegne.

Ich stelle mich jetzt auf der Fahrt schon ein auf all das, was mich erwartet.

Ich bitte dich, sei jetzt auf dem Weg bei mir, dass ich sicher und ruhig an meiner Arbeitsstelle ankomme.

Und begleite mich heute den ganzen Tag, damit ich auch bei der Arbeit einen guten Weg gehe, gemeinsam mit denen, die mit mir arbeiten und für die ich arbeite.

Lass den Weg, den wir miteinander gehen, zu einem Weg werden, der uns in immer größere Lebendigkeit und Freiheit und zu immer größerem Frieden führt.

## Gebet vor der Arbeit

Barmherziger und guter Gott, segne heute meine Arbeit. Ich weiß nicht, was mich heute alles erwartet. Manchmal habe ich Angst vor den ständigen Konflikten an meiner Arbeitsstelle, manchmal bedrückt mich die unsichere Zukunft unserer Firma.

Segne du meine Arbeit, damit ich in ihr den Menschen diene, für die ich da bin, und dass das, was ich tue, für sie zum Segen wird. Segne die Gespräche mit den Arbeitskollegen, damit wir uns im Gespräch näherkommen.

Bewahre mich davor, andere zu verletzen. Segne die Sitzung, die heute ansteht, damit wir gemeinsam überlegen, wie wir unsere Arbeit besser gestalten können.

Bewahre uns vor Streit und Intrigen, die unser Miteinander so oft blockieren. Öffne unseren Blick für das, was die anderen vorbringen.

Schenke uns den Glauben an die gute Absicht, die auch in gegenteiligen Meinungen steckt. Lass uns gemeinsam hinhorchen, was du uns heute sagen möchtest, damit wir erkennen, wohin du uns führen möchtest.

## Wie soll ich auf den Brief antworten? – Bei der Arbeit

Guter Gott, mir fällt gerade nichts ein, wie ich auf den Brief antworten soll, in dem sich ein Kunde über unsere Arbeit beschwert.
Ich möchte freundlich sein. Aber ich fühle mich auch verletzt durch diesen Brief.
Sende mir deinen Geist der Gelassenheit und der Freundlichkeit, damit ich mir und meinen Mitarbeitern und zugleich dem Kunden gerecht werde.
Lass den Brief neue Möglichkeiten des Miteinanders eröffnen.

## Ich bin mitten bei der Arbeit

Barmherziger Vater, ich bin mitten bei der Arbeit. Alles strömt auf mich ein. Ich weiß gar nicht, was ich jetzt anpacken soll.

Schenke mir innere Ruhe, damit ich mich nicht von den äußeren Anforderungen aus meiner Mitte heraustreiben lasse.

Segne du das, was ich in die Hand nehme, und lass es gelingen.

Schenke mir mitten im Trubel Ruhe und Klarheit, damit durch meine Arbeit etwas mehr Klarheit und Friede in den Menschen und zwischen den Menschen entsteht.

## In der Pause

Guter Gott, ich gönne mir jetzt eine Pause.

Ich möchte dich als den Grund in mir spüren, damit ich auf festem Boden stehen kann, wenn ich wieder mit der Arbeit beginne.

Du bist der Atem, der mich durchdringt. Ich will Atem holen, aufatmen, dich selbst einatmen, damit dein Atem meine Arbeit prägt, damit ich nicht kurzatmig werde, sondern mit deinem langen Atem all das erfülle, was nachher ansteht.

Beruhige du in der Pause all das, was in meiner Seele hochgekocht ist, damit ich mit kühlem Kopf an die Arbeit gehen kann.

## Gebet am Mittag

Barmherziger Gott, ich danke dir für die Gaben, die du mir heute Mittag schenkst, damit ich neue Kraft schöpfe für meine Arbeit. Lass mich die Gaben genießen.

Du kennst meine innere Hast, das Essen schnell herunterzuschlingen.

Schenke mir heute die Langsamkeit beim Genießen, damit ich nicht die Unruhe der Arbeit in das Essen mit hineinnehme, sondern beim Essen ganz bei mir bin und mich ganz auf die Speisen einlassen kann, die ich zu mir nehme.

Du stärkst mich mit deinen Gaben. Du lässt mich deine Güte in deinen Gaben schmecken.

Lass die Mahlzeit wirklich heilsam werden für mich und segne die Mittagspause, damit ich dann wieder gerne mit der Arbeit beginne.

## Lass uns ein wenig bei dir ruhn

HYMNUS DES BENEDIKTINISCHEN ANTIPHONALES

Die Glut des Mittags treibt uns um,
die Stunden eilen wie im Flug;
du, Gott, vor dem die Zeiten stehn,
lass uns ein wenig bei dir ruhn.

Wir atmen fiebrig und gehetzt,
der Streit flammt auf, das rasche Wort;
in deiner Nähe, starker Gott,
ist Kühlung, Frieden und Geduld.

Dies schenk uns, Vater voller Macht,
durch Jesus Christus, unsern Herrn,
der mit dem Geiste und mit dir
regiert in alle Ewigkeit.

## Lass mich langsamer gehen

AUS AFRIKA

Lass mich langsamer gehen, Herr.
Gib mir inmitten der Verwirrung des Tages
die Ruhe der ewigen Berge.
Entlaste das eilige Schlagen meines Herzens
durch das Stillwerden meiner Seele.
Lass meine hastigen Schritte stetiger werden
mit dem Blick auf die weite Zeit der Ewigkeit.
Lehre mich die Kunst des freien Augenblicks.
Lass mich langsamer gehen, um eine Blume zu sehen,
ein paar Worte mit einem Freund zu wechseln,
einen Hund zu streicheln,
ein paar Zeilen in einem Buch zu lesen.
Lass mich langsamer gehen, Herr,
und gib mir den Wunsch,
meine Wurzeln tief in den ewigen Grund zu senken,
damit ich emporwachse
zu meiner wahren Bestimmung.

## Gebet in der Freizeit

Gütiger Gott, endlich ist Feierabend. Jetzt darf ich die freie Zeit genießen.

Bewahre mich davor, die freie Zeit, die du mir geschenkt hast, zu verplanen und mit neuen Aktivitäten zu stopfen.

Ich will genießen, dass ich frei habe. Ich will die Freiheit spüren, nichts tun zu müssen. Wenn ich diese Freiheit in mir spüre, dann kann ich mich gerne auf das einlassen, was mich daheim bei meiner Familie erwartet oder was ich mit den Freunden vorhabe.

Lass alles, was ich in dieser Freizeit tue, den Geist der Weite atmen, der Lockerheit, der Freiheit, der Freude.

Erfülle du mich mit deiner Freude, damit durch mich diese Freude weitergehen kann zu den Menschen, mit denen ich lebe.

## Ich danke dir für den vergangenen Tag

Guter Gott, ich danke dir für den vergangenen Tag. Du hast mir so viel geschenkt.

Ich danke dir für die Begegnungen, die ich heute hatte, für die Gespräche, in denen ich das Geheimnis berührt habe, das uns alle umfängt.

Die Arbeit ist mir heute leicht von der Hand gegangen. Ich danke dir für das, was mir heute geglückt ist.

Ich danke dir für alles, was du mir heute in die Hand gelegt hast und was ich anderen weitergeben durfte.

So lege ich mich dankbar nieder und vertraue mich deinen guten Händen an.

Sende mir auch heute Nacht deinen Engel, damit er mich behütet und über mich wacht. Er soll mir gute Träume schicken, die mir neue Wege weisen für den morgigen Tag.

## In dieser Nacht trägst du mich

Guter Vater. Der Tag ist heute an mir einfach vorübergegangen. Ich war nicht bei mir. Ich habe einfach vor mich hingelebt.

So will ich wenigstens jetzt am Abend dir diesen Tag nochmals hinhalten. Nimm du ihn so, wie er war. Wenn du ihn annimmst, dann vermag ich mich auch mit ihm zu versöhnen.

Ich verzichte darauf, mir Vorwürfe zu machen. Er war, wie er war. Wenn er in deinen Händen liegt, dann ist es gut. Dann kann ich ihn mit ruhigem Gewissen loslassen. Und ich kann mich jetzt in deine Hände fallen lassen.

In dieser Nacht trägst du mich mit deinen guten und zärtlichen Händen. Es tut gut, sich in deiner Liebe zu bergen. So kann ich ruhig schlafen und darauf vertrauen, dass du mich in dieser Nacht stärkst für den neuen Tag, an dem du mir eine neue Chance gibst, alles anders zu machen und von neuem zu beginnen.

So lass mich jetzt in Ruhe schlafen.

## Behüte uns an Seel und Leib

HYMNUS DES BENEDIKTINISCHEN ANTIPHONALES

Bevor des Tages Licht vergeht,
dich Herr und Schöpfer, rufen wir:
In deiner Treue, die nicht wankt,
sei Wächter auch in dieser Nacht

Weit weiche von uns Alp und Traum,
das Wahngebild der Dunkelheit,
Herr, schlage du den Feind in Bann,
behüte uns an Seel und Leib.

Dies schenk uns, Vater voller Macht,
durch Jesus Christus, unsern Herren,
der mit dem Geiste und mit dir
regiert in alle Ewigkeit.

## Gebet zur Nacht

Barmherziger Gott, die Nacht breitet sich über mich, über mein Haus, über meinen Alltag, über meine Stadt, ja über die ganze Welt.

Segne diese Nacht, dass es für mich und für die Menschen, mit denen ich mich verbunden fühle, eine gesegnete Nacht wird, dass sie den inneren Lärm mit ihrer Stille vertreibt und die Unruhe meines Herzens zur Ruhe bringt.

Decke du in dieser Nacht zu, was uns trennt, damit uns die Dunkelheit und Stille nun auf einer tieferen Ebene miteinander verbindet. Ermögliche uns in unseren festgefahrenen Konflikten durch diese Nacht einen neuen Anfang.

Segne diese Nacht, dass ihre Stille den aufgewühlten Menschen Frieden schenkt, durch Christus unsern Herrn.

## Gebet vor dem Einschlafen

Guter Gott, ich liege im Bett und lege mich in deine guten Hände.

Lass mich dort getrost und voll Vertrauen geborgen sein.

Ich berge mich in deine liebevollen Arme, wie ein Kind sich in die Arme seiner Mutter birgt.

Umhülle mich in dieser Nacht mit deiner Liebe und deinem Frieden. Befreie mich von all dem Druck, unter den ich mich immer wieder stelle.

Schenke mir die Fähigkeit, mich einfach in deine Arme fallen zu lassen, im Vertrauen, dass du mich auffängst und bei dir ruhig schlafen lässt.

## Bei Schlaflosigkeit

Barmherziger Gott, ich wälze mich hin und her und kann einfach nicht schlafen.

Ich möchte alles loslassen, was mich beschäftigt. Aber immer wieder tauchen die Gedanken an das misslungene Gespräch auf.

Die Sorgen um meine Kinder lassen mich nicht los. Ich grüble ständig nach, wie es mit mir und meiner Familie weitergeht, ob wir das Leben bewältigen.

Ich habe Angst, morgen wegen meiner Schlaflosigkeit keine Kraft zu haben.

Was willst du mir sagen in meiner Schlaflosigkeit? Von welchen Vorstellungen über mein Leben soll ich mich verabschieden? Ich lege mich mit all meiner Unruhe und mit meiner Unfähigkeit zu schlafen in deine guten Hände.

Ich gebe die Fixierung auf das Schlafen oder Nichtschlafen auf. Ich berge mich in deine Hände, schlafend oder wachend, im Vertrauen, dass du mich mit neuer Kraft erfüllst, auch wenn ich nicht lange schlafe.

Betend vertraue ich mich dir an. Ich bete nicht, dass du mir Schlaf schenkst, sondern ich bete, dass du mit deinem Geist mich immer tiefer erfüllst.

Dann ist es nicht mehr so wichtig, ob ich wache oder schlafe. Dann bin ich bei dir und in dir und vertraue darauf, dass dein Geist mich erfrischt.

## Am Morgen

Guter Gott, wir danken dir für den neuen Tag, den wir gemeinsam beginnen dürfen.
Wir bitten dich: Segne diesen neuen Tag, dass es für uns ein guter Tag wird.
Segne uns, die wir als Familie jetzt zusammen sind, und lass uns füreinander zum Segen werden. Begleite uns mit deinem Segen heute auf unseren Wegen.
Öffne unsere Herzen füreinander, damit wir spüren, was die anderen brauchen. Lass uns gemeinsam dankbar diesen Tag erleben, den du uns schenkst.
Wir denken auch an die, die heute Morgen traurig aufgestanden sind, weil sie nicht das haben, was sie zum Leben brauchen. Denke auch an sie, damit sie diesen Tag voll Vertrauen leben können.

## Lass mich heute auf dich hören

Herr,
lass mich heute
auf dich hören, an dich denken,
auf meine Mitmenschen achten.

Lass mich fühlen,
wenn jemand betrübt ist,
wenn jemand traurig ist,
wenn jemanden etwas bedrückt.

Lass mich helfen,
wenn jemand einsam ist,
wenn jemand ausgeschlossen wird,
wenn jemand abseits steht.

## Vor dem Essen

Vater im Himmel, du schenkst uns dieses Essen. Wir haben reichlich zu essen. Und wir sind dankbar, dass du uns Gaben schenkst, die uns guttun.

Wir danken dir auch für die Tischgemeinschaft. Du selbst bist in unserer Mitte. Du bist die Klammer, die uns zusammenhält.

Lass uns nun gemeinsam deine Gaben genießen und dankbar sein für unsere Gemeinschaft. Es ist schön, miteinander zu essen und das Leben zu genießen, das du uns täglich schenkst.

Gib allen Menschen, was sie zum Leben brauchen. Lass uns in unserer Gemeinschaft aber auch die nicht vergessen, die alleine essen müssen, weil sie niemanden haben, der für sie Zeit hat. Sei du auch bei ihnen.

## Zur Nacht

Guter Gott, wir danken dir für den heutigen Tag.
Wir bitten dich, lass uns alles vergessen, was heute nicht gut war. Lass uns einander vergeben, wenn wir uns wehgetan haben.
Erfülle uns nun am Abend alle mit deinem Frieden.
Schenke uns eine gute Nacht, damit wir alle gut schlafen können und uns morgen früh mit neuer Freude aneinander und an dir erheben können.
Schütze uns in dieser Nacht, stärke unsere Gesundheit und gib uns eine ruhige Nacht, in der wir ohne Sorgen in deinen Armen ruhen dürfen.

## Vor einem Ausflug

Barmherziger Gott, wir dürfen heute miteinander einen Ausflug machen.

Wir danken dir, dass wir Zeit füreinander haben.

Wir danken dir für die schöne Landschaft, die uns erwartet.

Und wir danken dir für die Gemeinschaft, die wir heute erleben dürfen.

Segne unseren Ausflug, dass wir viel Schönes erleben, dass wir dankbar genießen können, was uns begegnet, und dass wir viel Freude miteinander haben.

Lass diesen Ausflug zu einem Fest des Miteinanders werden.

Segne ihn, damit er unsere Seele beflügelt und wir neue Lebendigkeit miteinander erfahren.

## Segen zum Geburtstag

Guter Gott, segne N., der/die heute Geburtstag feiert.
Wir danken dir, dass wir ihn/sie unter uns haben dürfen.
Wir danken dir für sein/ihr Wesen, für seine/ihre Lebendigkeit und Fröhlichkeit.
Segne das neue Lebensjahr, das N. heute beginnt, dass er/sie in diesem neuen Jahr neue Fähigkeiten entwickelt und neue Wege geht, dass er/sie immer mehr hineinwächst in das Bild, das Gott sich von ihm/ihr gemacht hat.
Du hast uns in seiner/ihrer Geburt beschenkt, weil du mit ihm/ihr etwas ausdrückst, das nur durch ihn/sie ausgedrückt werden kann.
Wir danken dir, dass wir uns an ihm/ihr erfreuen dürfen.
So bitten wir dich: Segne ihn/sie, damit er/sie immer mehr selbst zum Segen für andere wird.

## Segen zum Namenstag

Guter Gott, segne N., der/die heute Namenstag hat.

Wir lieben seinen/ihren Namen, der uns etwas über seine/ihre Einmaligkeit aussagt.

Lass ihn/sie immer mehr hineinwachsen in das, was der/die hl. N. in seinem/ihrem Leben dargestellt hat. Du hast ihn/sie selbst mit Namen gerufen. Er/sie gehört dir. Du hast uns in ihm/ihr einen einmaligen Menschen geschenkt.

So bitten wir seinen/ihren Namenspatron, dass er ihn/sie heute besonders beschütze und ihn/sie immer mehr einführe in das Geheimnis ihres Lebens, in das Geheimnis ihrer einmaligen und einzigartigen Person.

## Im Kindergarten

Lieber Gott, wir Kinder sind hier, um miteinander zu spielen und Spaß miteinander zu haben.
Segne heute unsere Zeit im Kindergarten, dass wir fröhlich sind, dass wir gut miteinander umgehen, dass wir friedlich miteinander spielen.
Lass uns dankbar sein für jedes einzelne Kind, das hier unter uns ist.
Lass uns selbst offen sein, dass wir jedes Kind annehmen und ihm helfen.

## Zum Schulbeginn

Guter Gott, zu Beginn der Schulzeit bitte ich dich: Segne dieses Schuljahr, damit ich das lerne, was ich für das Leben brauche.

Lass mich nicht nur den Stoff lernen, den man abfragen kann, sondern lass mich das Leben selbst lernen.

Schule kommt ja vom Wort »schola«, das Muße, Ruhe und Innehalten bedeutet. Du schenkst uns die Schulzeit als Zeit der Muße, in der wir uns den Dingen widmen können, die wir im Arbeitsalltag oft übersehen. Wir können uns mit dem Geheimnis des Lebens selbst beschäftigen. Und wir dürfen innehalten, um mit dem eigenen Inneren in Berührung zu kommen.

Lass diese Schulzeit eine gesegnete Zeit für mich werden, damit ich in mir entdecke, was du mir an Möglichkeiten und Fähigkeiten geschenkt hast. Lass mich diese Zeit so nutzen, dass sie mich tiefer in das Geheimnis des Lebens führt und dass sie mich befähigt, später in meinem Beruf dieses Leben so zu leben, dass es sinnvoll wird und Frucht bringt für die Menschen.

## Bei einer Klassenfahrt

Barmherziger und guter Gott, heute dürfen wir mit der Klasse auf Fahrt gehen. Wir lassen das Schulgebäude mit seinen Verpflichtungen hinter uns und fahren einem schönen Ziel entgegen.

Segne unsere Klassenfahrt, dass wir die Gemeinschaft untereinander heute auf neue Weise erfahren.

Wir stehen heute nicht unter dem Druck, etwas leisten zu müssen. Lass diesen Tag eine Gelegenheit werden, jedem Einzelnen so zu begegnen, dass wir sein Geheimnis spüren, dass wir seine Einmaligkeit wahrnehmen.

Schenke uns Verständnis füreinander. Mach uns sensibel, dass wir auch die nicht so lauten Schüler und Schülerinnen beachten und zu Wort kommen lassen.

Segne diese Fahrt, dass die Gemeinschaft, die wir heute erfahren dürfen, unser Miteinander auch im Schulalltag prägt und uns die schulischen Verpflichtungen erleichtert.

## In der Schule

Guter Vater, wir sind hier in der Schule zusammengekommen, um gemeinsam etwas zu lernen und uns gegenseitig beim Lernen und Leben zu helfen.
Lass uns heute verstehen, was die Lehrer und Lehrerinnen uns beibringen möchten.
Lass uns einander helfen, dass wir gut lernen.
Schenke uns Verständnis für unsere Lehrerinnen und Lehrer, die sich für uns anstrengen, und lass sie auch uns verstehen.
Hilf uns dabei, miteinander gut umzugehen, dass wir einander stützen.
Segne diesen Schultag, dass er uns für das spätere Leben Segen bringt.

## Zum ersten Schultag nach den Ferien

Guter Gott, nach den Ferien beginnt heute wieder die Schule.

Es fällt uns schwer, nach diesen schönen Ferien wieder in die Schule zu gehen.

Segne die nächsten Wochen in der Schule, damit wir die Chance nutzen, für das Leben zu lernen und so eine gute Grundlage für unser Leben zu schaffen. Mach uns offen für das, was die Lehrerinnen und Lehrer uns vermitteln wollen.

Segne unsere Klasse, damit wir gut miteinander umgehen und niemanden aus unserer Gemeinschaft ausschließen.

Segne alle, die mit uns in der Klasse sind, dass sie sich bei uns wohlfühlen und gerne das lernen, was sie zum Leben brauchen.

Segne unser Lernen, damit wir immer weiser werden und das Ziel erreichen, das wir uns für unser Leben gesetzt haben.

Lass uns die Chance nutzen, zu lernen und uns immer mehr für das Leben vorzubereiten.

## Vor Prüfungen

Guter Gott, endlich gehen die Prüfungen los!
Wecke alles Können und Wissen in uns.
Schenke uns Ruhe, Kraft und Konzentration.
Hilf uns, das Wesentliche zu erkennen,
und gib uns die richtigen Worte.
Lass uns auf dich vertrauen, denn du willst,
dass wir uns selbst vertrauen.
Jesus, guter Gott,
du selbst kennst dir Prüfungen des Lebens.
Manchmal legst du uns schwere Lasten auf
unsere Schultern,
aber du hilfst uns dabei, sie zu tragen.
Du lässt uns auch in Prüfungen nicht allein.
Du schenkst uns Zuversicht und Vertrauen.
Gib uns selbst in schwierigen Situationen
dieses Vertrauen in die eigenen Talente und
Begabungen.
Lass uns darauf bauen, dass wir unser Möglichstes
und Bestes in der Vorbereitung getan haben.
Schenke uns Geistesblitze,
damit unsere Vorbereitungen und Mühen
nicht umsonst waren,
und schenke uns Gelassenheit und Geduld
zur Lösung unserer Aufgaben.

## Um Mut und Kraft

Guter Gott, manchmal fühle ich mich mutlos. Da ist mir alles eine Last. Ich habe keine Lust, zu lernen, keine Lust, in die Schule zu gehen, mich mit anderen zu treffen. Alles erscheint mir langweilig und eine Last.

Gib du mir deine Kraft, damit ich wieder Mut finde, das anzupacken, was heute ansteht. Vertreibe alle traurigen Gedanken und Gefühle aus meinem Herzen und erfülle mich mit Freude, Lebendigkeit und Vertrauen.

Gib mir die Gewissheit, dass ich mein Leben schaffe und dass es sich lohnt, zu leben. Öffne meinen Blick für all die schönen Dinge, die du mir schon geschenkt hast und die du mir auch heute schenken willst.

Lass mich voll Vertrauen in das Leben schreiten.

## Gebet in Traurigkeit

Guter Gott, heute greift die Traurigkeit nach meinem Herzen.
Auch der Gedanke an dich kann diese Traurigkeit nicht vertreiben. Sie steigt aus der Tiefe auf und lähmt mich.
Ich halte dir meine Traurigkeit hin. Lass mich erkennen, was mich so traurig macht. Sind es übertriebene Wünsche an mein Leben? Sind es die Enttäuschungen, die mir das Leben bereitet hat?
Ich halte dir mein trauriges Herz hin und bitte dich: Lass dein Licht und deine Liebe in meine Traurigkeit hineinströmen. Dann fühle ich mich mit meiner Traurigkeit von dir geliebt und mit dir verbunden. Ja, meine Traurigkeit verweist mich dann auf dich und deine Liebe. So entsteht ein tiefer Friede in mir.
Manchmal durfte ich diese wunderbare Erfahrung machen, dass meine Traurigkeit mich in den Grund meiner Seele geführt hat, in dem ich dich gefunden habe als das Licht, das meine Finsternis erleuchtet, und als die Liebe, die mich durchdringt, und als die Freude, die meine Traurigkeit verwandelt.
So bitte ich dich auch heute, dass dein Licht, deine Liebe und deine Freude durch alle traurigen Gefühle hindurchdringen, damit ich mich mit meiner Traurigkeit in dir geborgen und von dir geliebt fühle.

## Gebet in Angst

Barmherziger und guter Gott, du kennst alle meine Ängste: meine Angst, mich vor anderen zu blamieren, meine Angst, auf andere zuzugehen, von anderen verletzt zu werden, die Angst vor dem Neuen, das auf mich zukommt. Ich halte dir meine Angst hin und die Ohnmacht, sie zu überwinden. Du kennst meine vielen Versuche, gegen meine Angst zu kämpfen. Sie haben mir nicht geholfen. Im Gegenteil, die Angst ist immer stärker geworden.

Halte deine segnende Hand über mich und meine Angst. Verwandle meine Angst, dass sie mich näher zu dir führt, dass sie mich auf dich verweist. In deinen Händen bin ich geborgen, mit meiner Angst. Befreie mich von den Illusionen, die ich mir über mich selbst gemacht habe, dass ich immer stark und erfolgreich und selbstsicher sein muss.

Führe mich durch die Angst in den inneren Raum meiner Seele, in dem du wohnst. Dort hat die Angst keinen Zutritt. Lass mich ein wenig ausruhen in diesem Raum der Stille und ihn genießen, weil ich dort im Innersten meiner Seele frei bin von der Angst. Lass mich von diesem Raum der Stille mit Vertrauen in die Welt gehen, ohne Angst vor der Angst, die mich in der Welt wieder erfassen wird.

Söhne mich aus mit meiner Angst, damit sie mich immer wieder an dich erinnert und an den inneren Raum, in dem du in mir wohnst und mich befreist von aller Angst.

## Ich danke dir für alles, was du mir geschenkt hast

Guter Gott, ich danke dir für alles, was du mir geschenkt hast.

Du hast mir viele Fähigkeiten zugeteilt. Du hast mir diesen Leib gegeben, in dem meine Seele gerne wohnt, in dem du selbst Wohnung genommen hast. Mit ihm kann ich mich freuen, kann ich lieben, aber auch arbeiten und Sport treiben.

Du hast mir gute Menschen geschenkt: meine Eltern, meine Geschwister, meine Freunde.

Du hast mir immer im rechten Augenblick einen Menschen geschickt, der für mich zum Engel geworden ist und mir auf meinem Weg weitergeholfen hat.

Du hast mich auf meinem Weg begleitet, auch wenn ich dich manchmal nicht gespürt oder mich nicht um dich gekümmert habe.

## Gebet um Vertrauen

Barmherziger Gott, ich sehne mich danach, vertrauensvoll durch das Leben zu gehen. Aber ich spüre oft Misstrauen und Angst.

Ich möchte dir vertrauen. Und doch habe ich manchmal Zweifel, ob ich dir trauen kann. Ich frage mich dann, ob ich mir damit etwas vormache.

Verwandle du meine Zweifel in ein Vertrauen, das deinen Worten traut, das deiner heilenden und liebenden Gegenwart traut.

Schenke mir dieses Vertrauen auch, wenn ich vor schwierigen Situationen stehe und nicht weiß, wie es weitergehen soll. Lass mich vertrauen, dass du mich in deinen guten Händen trägst, dass du deine schützende Hand über mich hältst und dass du mir den rechten Weg zeigst, auf dem ich weitergehen soll.

Schenke mir auch Vertrauen in mich selbst. Ich zweifle oft an mir, habe Angst, was die anderen von mir denken könnten, ob ich mich vor ihnen blamiere. Ich möchte gerne ein so starkes Selbstvertrauen haben, dass es mir nichts mehr ausmacht, was die anderen über mich reden. Aber ich möchte mich auch nicht über die anderen stellen. Ich möchte einfach voller Vertrauen der sein dürfen, der ich bin, frei von dem Druck, mich vor anderen beweisen zu müssen. Und ich möchte nicht ständig um mich kreisen, sondern mich einfach dem Leben zuwenden und den Menschen, die du mir zur Seite gestellt hast.

Schenke mir auch Vertrauen zu den Menschen – auch zu denen, die mein Vertrauen missbraucht haben. Lass mich trotz allem an den guten Kern in ihnen glauben.

Gib mir ein Vertrauen, das den aufrichtet, der nicht vertrauen kann, das einen Raum um ihn schafft, in dem er sich angenommen weiß und in dem das aufblüht, was in ihm steckt.

Du selbst hast Vertrauen in mich und in die Menschen, mit denen ich lebe. Ich möchte von dir lernen, eine Atmosphäre des Vertrauens zu verbreiten, in der Menschen sich füreinander öffnen und in der sie sich dir anvertrauen und sich von dir getragen wissen.

## Ich danke dir für jeden Augenblick

Ich danke dir für jeden Augenblick, denn in jedem Augenblick bist du bei mir.

In jedem Augenblick willst du mich beschenken: mit der Schönheit der Natur, die mich erfreut, mit Begegnungen, die mich berühren, mit Worten, die mir den Weg weisen, mit einem freundlichen Blick, der mein Herz öffnet.

Ich danke dir, dass du mich so geschaffen hast, wie ich bin: einzigartig und einmalig. Du hast mich berufen, etwas von dir in dieser Welt auszudrücken, was nur durch mich ausgedrückt werden kann.

Darum danke ich dir für dieses Leben, für jeden Augenblick, in dem ich atmen, fühlen, lieben und mich freuen kann.

Ich danke dir, dass du bei mir bist und mich bedingungslos annimmst, auch wenn mir das gerade nicht so leichtfällt.

Ich bitte dich, dass ich dankbar durch das Leben gehe und durch meine Dankbarkeit auch den Menschen um mich herum die Augen öffne für das Geheimnis ihres Lebens.

## Gebet um Trost

Barmherziger und guter Gott. Ich brauche Trost in meiner Trauer.

Ich bin traurig, weil ich diesen lieben Menschen verloren habe. Ich bin traurig, dass heute so vieles bei meiner Arbeit und in meinem Leben schiefgelaufen ist. Ich bin traurig, dass die Beziehung, in der ich lebe, momentan so schwierig ist und ich mich so verletzt fühle.

Stehe du mir bei. Ich brauche keine Worte, die mich vertrösten. Ich brauche einen, der mir zum Trost wird, der zu mir steht und mein Weinen und meine Verzweiflung aushält. Sende mir solche Menschen als Trost in meine Trostlosigkeit.

Sei du selbst mir Trost. Ich vertraue darauf, dass du mich aushältst und dass du bei mir bleibst, auch wenn ich am liebsten vor mir davonlaufen möchte. Gib du mir mit deinem Trost wieder Festigkeit, dass ich Boden unter den Füßen spüre und wieder zu mir stehen kann.

## Schenke mir den Mut, für das Leben und für meine Zukunft zu kämpfen

Guter Gott, ich habe Angst vor dem nächsten Schritt. Ich habe Angst vor der Entscheidung, vor die ich im Beruf gestellt bin. Ich möchte mich am liebsten vergraben und mich nicht entscheiden. Ich möchte mich den Problemen nicht stellen. Sie wachsen mir über den Kopf.

Gib du mir Mut, den Dingen aufrecht gegenüberzutreten und den Kampf mit dem Leben aufzunehmen, auch wenn ich dabei verwundet werde.

Schenke mir den Mut, für das Leben und für meine Zukunft zu kämpfen und auch für andere den Einsatz zu wagen. Oft sehe ich feige hinweg, wenn andere in Not sind. Stärke mir den Rücken, dass ich in der S-Bahn Menschen entgegentrete, die andere belästigen. Ich bin nicht mutig genug.

Gib du mir den Mut, der mich dazu befähigt, Unrecht beim Namen zu nennen und für das Rechte einzutreten.

## Gebet um Stärke

Herr, ich fühle mich oft kraftlos. Ich sollte daheim etwas erledigen. Aber ich habe keine Kraft dazu. Ich sollte den Konflikt angehen. Aber ich weiche aus. Ich habe nicht die Kraft, mich den Problemen zu stellen.

Guter Gott, du hast uns deinen Heiligen Geist gesandt. Es ist kein Geist der Verzagtheit, sondern ein Geist der Kraft und der Stärke.

Sende mir deinen Heiligen Geist, damit ich neue Kraft in mir spüre, die Kraft, die ich zum Leben brauche.

Erfülle mich mit deinem Heiligen Geist, dass der meine Kraftlosigkeit durchströmt und sie in Kraft verwandelt, der meine Schwäche in Stärke wandelt und meine Angst in Vertrauen.

## Gebet um Gelassenheit

Guter Gott, ich lasse mich so leicht aus dem Gleichgewicht bringen. Ich rege mich auf, wenn mein Nachbar komisch hustet. Ich kann Dinge nicht loslassen, die schiefgelaufen sind. Immer wieder ereifere ich mich, dass das doch so nicht sein darf. Ich mache mir und anderen Vorwürfe.

Schenke mir den Geist der Gelassenheit, damit ich die vergangenen Dinge einfach lassen kann.

Befähige mich, alte Verletzungen loszulassen und sie nicht immer als Vorwand zu benutzen, nicht selbst aufzustehen und zu leben.

Manchmal fühle ich mich gedrängt, in andere Menschen einzudringen und sie zu belehren, dass sie doch einsehen, was mir klar ist. Gib mir die Gabe der Gelassenheit, dass ich die Menschen lassen kann, wie sie sind, dass ich eine Situation stehen lassen kann, ohne mich ständig darüber aufzuregen, und dass ich auch mich selbst lassen kann.

Lass mich alles loslassen, was mich hindert, jetzt im Augenblick zu leben. Lass mich vor allem meine eigenen Bilder von mir loslassen, damit dein Bild in mir aufstrahlt, das du dir von mir gemacht hast.

## Um Rat und Erkenntnis

Barmherziger Vater, ich bin ratlos, was ich machen soll. Soll ich zu meinem Arbeitskollegen gehen und das Problem, das ich mit ihm habe, ansprechen? Oder wird er so reagieren, dass unsere Beziehung nur noch schlechter wird?

Schenke du mir dort Rat, wo ich keinen weiß. Zeige mir, was ich tun soll, was für mich und für den anderen das Beste ist.

Ich spüre, dass ich es selbst nicht erkennen kann. Ich brauche deinen Rat, der mich befähigt, das Richtige zu tun. Ich brauche deinen Geist des Rates, den du uns im Heiligen Geist versprochen hast. Dann werde ich voll Vertrauen das Richtige tun.

## Im Zweifeln

Barmherziger und guter Gott, mir kommen so oft Zweifel, ob ich überhaupt richtig lebe. Und ich zweifle in letzter Zeit oft, ob du überhaupt existierst oder ob du nur eine Projektion unserer infantilen Wünsche bist.

Ich kann die Zweifel nicht beiseiteschieben. Wenn ich sie lösen will, tauchen sie immer wieder hartnäckig auf.

Gib mir deinen Geist der Klarheit, damit die Zweifel mir nicht meinen Glauben nehmen, sondern mir helfen, ihn zu klären und das Eigentliche meines Glaubens zu entdecken.

Löse die Zweifel auf, damit Vertrauen in mir wächst und ich dieses Vertrauen auch weitergeben kann an die, die noch mehr zweifeln als ich.

## Bei Einsamkeit

Guter Gott, ich fühle mich einsam, alleingelassen. Keiner kümmert sich um mich.

Die anderen gehen heute Nachmittag spazieren. Um mich kümmert sich niemand. Niemand hat mich eingeladen. Die anderen haben mich übersehen. Ich bin allein, einsam.

Verwandle du meine Einsamkeit, dass ich mit mir selbst eins werde und im Einswerden mit mir mich getragen fühle von dir.

Verwandle mein Alleinsein, dass es – wie Peter Schellenbaum es ausdrückt – zum All-Einssein wird. Dann werde ich in meinem Alleinsein erfahren, dass ich mit allem eins bin, mit allen Menschen, mit aller Welt, mit dem Sein und letztlich mit Gott. Dann löst sich meine Einsamkeit auf in die Erfahrung von Einssein und Getragensein.

Ich will nicht vor meiner Einsamkeit davonlaufen, sonst wird sie mich immer wieder einholen. Ich halte sie dir hin, damit du sie verwandelst und mich in die Einheit führst – mit mir selbst, mit den Menschen, mit der Welt und mit dir, mein Gott, der mich trägt.

## Vor einer Meditation

Guter Gott, ich möchte mir nun Zeit nehmen für die Meditation. Ich möchte einfach vor dir still werden. Vertreibe meine innere Unruhe, damit ich mich schweigend in deine Liebe fallen lasse.

Lass in dieser Meditation die vielen Gedanken, die immer wieder im Kopf herumschwirren, vorbeiziehen und führe mich in den Grund meiner Seele, in dem es schon still ist, in dem du selbst in mir wohnst.

Erfülle mich in dieser Meditation mit deinem Heiligen Geist, damit er in alle Bereiche meines Leibes und meiner Seele dringt. Dann werde ich in dir ganz ruhig. Dann werde ich fähig, mich anzunehmen, weil du ja mit deiner Liebe alles in mir durchdringst.

Öffne mich in dieser Meditation für deine Liebe, damit ich fähig werde, sie dann auch in diese Welt strahlen zu lassen.

## Gebet der Weisheit

JESUS SIRACH 14,20–15,6

Selig der Mensch, der nachsinnt über die Weisheit,
der sich bemüht um Einsicht:
Er richtet seinen Sinn auf ihre Wege
und achtet auf ihre Pfade.
Er geht ihr nach wie ein Späher,
er lauert am Eingang ihrer Wohnung.
Er schaut durch ihre Fenster und horcht an ihren Türen.
Bei ihrem Haus schlägt er sein Lager auf
und macht die Stricke seines Zeltes fest an ihrer Mauer.
An ihrer Seite stellt er sein Zelt auf
und wohnt in guter Nachbarschaft.
Er baut sein Nest in ihrem Laub
und nächtigt in ihren Zweigen.
In ihrem Schatten sucht er Zuflucht vor der Hitze
und wohnt im Schutz ihres Hauses.
Wahrlich, so handelt, wer den Herrn fürchtet und ehrt.
Wer an der Weisung festhält, wird die Weisheit erlangen.
Sie geht ihm entgegen wie eine Mutter,
sie nimmt ihn auf wie eine junge Gattin.
Sie nährt ihn mit dem Brot der Klugheit,
sie tränkt ihn mit dem Wasser der Einsicht.
Er stützt sich auf sie und kommt nicht zu Fall,
er vertraut ihr und wird nicht zuschanden.
Sie erhöht ihn über seine Gefährten,
sie öffnet ihm den Mund in der Gemeinde.
Jubel und Freude lässt sie ihn finden,
sie verleiht ihm einen unvergänglichen Namen.

## Gebet um Liebe

Guter Gott, ich sehne mich nach Liebe. Ich sehne mich danach, dass ein Mensch mich bedingungslos liebt und dass ich diese Liebe erwidern darf, dass ich liebe und geliebt werde.

Momentan spüre ich keine Liebe. Ich fühle manchmal, wie in mir Sehnsucht zu einem Menschen aufkommt, dass ich diesen Menschen gerne lieben würde. Aber ich sehe keine Reaktion von diesem Menschen. Er scheint mich nicht zu sehen. Er erwidert meine Liebe nicht. Und ich traue mich nicht, meine scheue Liebe dem anderen zu offenbaren.

Schenke du mir die Liebe, die mich mit einem Menschen verbindet. Schenke mir einen Menschen, der mich so liebt, wie ich bin, der mit mir den Weg gemeinsam gehen will, der mit mir sein Leben teilen will.

Und schenke mir die Liebe, dass ich seine Liebe erwidern kann. Lass meine Liebe nicht ins Leere laufen, sondern erwidert werden und gelingen.

## Gebet um Freundschaft

Barmherziger Gott, ich sehne mich nach einem Freund, der mich versteht und mit dem ich über alles reden kann, was mich bewegt. Ich sehne mich nach einer Freundin, die mich nicht vereinnahmt, sondern auf die ich bauen kann, die da ist, wenn ich sie brauche, vor der ich mich nicht verstecken muss. Ich möchte einen Freund, vor dem ich ehrlich auch über meine Schwächen reden kann, ohne beurteilt oder verurteilt zu werden.

Ich kann niemanden zwingen, mein Freund zu sein. Ich spüre, dass Freundschaft immer ein Geschenk ist, wenn sie gelingt.

Schenke du mir die Gabe der Freundschaft, damit ich Freunde finde und mit ihnen so lebe, dass wir einander stützen und ergänzen und dass wir uns aufeinander verlassen können.

Segne die Freundschaften, die ich schon habe, die aber nicht meinen wahren Erwartungen entsprechen. Dein Segen vermag auch diese Freundschaften zu wandeln, damit sie für mich und für meine Freunde zum Segen werden.

## Gebet um Freiheit vom Ego

Gütiger Gott, du Gott der Freiheit, ich spüre oft, wie ich um mich selbst kreise und wie ich an mir selbst festhalte. Bei allem, was ich tue, frage ich mich, ob es auch gut genug ist oder was es mir bringt. Ich plane ständig, was ich heute alles tun will. Wenn ich bete, denke ich an die tausend Dinge, die gerade anstehen.

Ich möchte mich im Gebet so gerne einfach loslassen, einfach nur vor dir da sein und deine Gegenwart wahrnehmen. Doch mein Ego, das alles auf sich bezieht, das alles beurteilt, das mit allem, was es tut, etwas erreichen will – sogar mit dem Gebet –, stellt sich immer störend dazwischen.

Befreie mich von der Sklaverei meines Egos. Lass mich einfach da sein, ohne zu reflektieren, wie weit ich auf meinem spirituellen Weg schon bin, ob ich dich nun erfahre oder nicht, ob ich nun gelassen bin oder nicht. Ich möchte frei werden von der Sucht, alles auf mich zu beziehen und alles zu beurteilen. Ich möchte mich im Gebet vor dir einfach vergessen können, damit nur noch deine Gegenwart zählt und nicht die Erfahrung, die ich gerade mache. Ich ahne, dass dieses Mich-Vergessen mich befreit von der Herrschaft meines Egos.

## Gebet um Selbstannahme

Barmherziger Gott, es fällt mir so schwer, mich selbst anzunehmen. Es gibt so vieles, was mich an mir stört: meine Ungeduld, meine Unruhe, meine Oberflächlichkeit, meine Empfindlichkeit.

Alles, was mich an mir ärgert, halte ich dir hin.

Ich weiß, dass du mich bedingungslos annimmst. Du beurteilst und verurteilst mich nicht.

Ich bin es selbst, der so unbarmherzig mit mir umgeht. Oder aber es ist der innere Richter in mir, den ich einfach nicht abstellen kann.

Ich halte dir meine Ohnmacht hin, mich anzunehmen. Und ich vertraue darauf, dass deine Annahme stärker ist als meine Unfähigkeit, mich anzunehmen.

Ich halte dir meine leeren Hände hin. Ich verzichte darauf, mich selbst zu bewerten. Ich weiß, dass du meine Leere mit deiner Liebe ausfüllen wirst. Und ich weiß, dass du all das in mir annimmst, was ich nicht anzunehmen vermag.

## Um den Mut, gütiger mit mir selbst umzugehen

Auch wenn ich weiß, dass du mich annimmst, fällt es mir schwer, daran zu glauben. Manchmal möchte ich auch vor dir die Seiten verstecken, die ich selbst nicht anschauen will.

Aber jetzt will ich es wagen.

Schaue auf meine Hände, in denen ich dir meine Wahrheit hinhalte. Schaue in mein Herz. Ich will es nicht vor dir verschließen.

Ich lasse dich in alle Abgründe meiner Seele schauen, damit dein gütiger Blick alles in mir verwandelt.

Wenn deine Liebe alles in mir durchdringt, dann vermag auch ich alles in mir mit einem wohlwollenden Blick anzuschauen. Denn dein gutes Auge ruht auf allem, was in mir ist.

Das gibt mir den Mut, auch selbst gütiger mit mir umzugehen und im Vertrauen auf deine bedingungslose Liebe mich selbst zu lieben, so wie ich geworden bin.

## Bei Schuldgefühlen

Gütiger Gott, mein Gewissen klagt mich an. Ich spüre in mir viele Selbstvorwürfe. Immer wieder werfe ich mir vor, dass ich dem Kollegen gegenüber so unachtsam war, dass ich gegenüber meinen Kindern ausgerastet bin, dass ich etwas Unsinniges erzählt und verletzende Worte gebraucht habe.

Ich kann es nicht mehr rückgängig machen. Aber ich kann mich auch nicht von meinen Schuldgefühlen befreien.

Ich halte dir meine Schuldgefühle hin. Ich verzichte darauf, mich selbst zu beschuldigen. Ich halte dir einfach hin, was in mir ist.

Ich überlasse es deinem Urteil. Doch ich vertraue darauf, dass du alles in mir annimmst, auch das, was nicht so gut war, wobei ich schuldig geworden bin.

## Ich halte dir mein Herz hin

Ich halte dir mein Herz hin mit all dem, was jetzt in mir auftaucht.

Ich möchte vor dir nichts verbergen. Denn vor dir darf alles sein.

In deinem liebenden Blick verliert all das Negative in mir an Macht. Es ist noch da, aber es hat mich nicht mehr im Griff. Ich spüre, dass meine Schuld mich nicht von dir trennt, sondern mich auf dich und deine Gnade verweist.

Der Blick auf deine Barmherzigkeit befreit mich von dem Kreisen um meine Schuldgefühle. Ich höre auf, mich zu verurteilen, weil du mich nicht verurteilst, sondern mich bedingungslos annimmst.

Es geht mir auf, was Johannes in seinem ersten Brief geschrieben hat: »Wenn das Herz uns auch verurteilt – Gott ist größer als unser Herz, und er weiß alles.« (1 Joh 3,20).

## Gebet im Leid

Allmächtiger und barmherziger Gott, ich verstehe einfach nicht, warum du mir dieses Leid zugemutet hast.

Ich habe doch immer versucht, deine Gebote zu befolgen, zu beten und aus dem Geist Jesu Christi zu leben. Warum hast du dieses Leid nicht von mir abgewendet?

Du bist doch allmächtig. Also kannst du meine Krankheit heilen. Und du hättest meinen Freund nicht sterben lassen müssen.

Wenn du barmherzig bist, warum hast du mich dann nicht vor all diesen unermesslichen Schmerzen bewahrt?

Ich spüre in mir die Versuchung, mich dir gegenüber zu verschließen. Es hat ja doch alles keinen Zweck. Es hilft nicht, wenn ich zu dir bete. Es geschieht ja doch, wie es offensichtlich geschehen muss.

Aber ich will trotzdem nicht von dir lassen. Meine Geschichte mit dir ist mir zu wichtig, als dass ich einfach die Flinte ins Korn werfe und von dir ablasse. Ich halte es mit den frommen Juden, die dich anklagen, aber sich vom Leid nicht abbringen lassen, zu dir zu schreien.

## Höre mich, dass mein Schmerz sich lindert

Ich schreie zu dir in meinem Schmerz. Höre mich, dass mein Schmerz sich lindert.

Zeige dich mir, damit ich mich nicht alleingelassen fühle in meinem Leid.

Sende mir deinen Heiligen Geist, dass ich mich selbst nicht aufgebe, sondern meinen Weg weitergehe, in dem Vertrauen, dass mir irgendwann einmal der Sinn von allem aufgehen wird. Verbirg dein Gesicht nicht vor mir!

Zeige dich mir als gnädiger und barmherziger Gott.

Verwandle du mein Leid, damit ich durch die Tränen hindurch dich wieder erkenne als den, der mich in keinem Augenblick meines Lebens verlassen hat und alle Wege mit mir geht.

## Gebet in Krankheit

Heiliger Gott, du bist der wahre Arzt meiner Seele und meines Leibes.

Ich komme zu dir mit meiner Krankheit. Ich hatte gedacht, ich wäre im Einklang mit meinem Körper.

Doch jetzt hat mich diese Krankheit erfasst. Ich bin enttäuscht über mich selbst. Und ich bin wütend, dass die Krankheit mir einen Strich durch meine Rechnungen macht. Ich muss so viele Termine absagen. Manches, was ich mir vorgenommen habe, werde ich nie mehr erfüllen können.

Warum hat mich diese Krankheit getroffen? Was habe ich falsch gemacht? Was habe ich bei mir übersehen? Was will mir die Krankheit sagen?

## Lass deinen heilenden Geist in meine Wunden strömen

Barmherziger Gott, ich verzichte darauf, die Ursachen meiner Krankheit zu erforschen. Ich weiß nicht, warum sie mich getroffen hat.

Aber ich bitte dich, mir in meiner Krankheit beizustehen.

Heile du meine Wunden. Lass deinen heilenden Geist, deine heilende Liebe in meine Wunden strömen, damit sie sich schließen.

Stärke mich in meiner Krankheit, dass ich sie tragen kann, dass ich von ihr aufgebrochen werde für mein wahres Selbst.

Ich lasse in meiner Krankheit nicht von dir los. Ich spüre Rebellion gegen dich. Aber ich halte trotzdem an dir fest. Ich möchte wissen, wer du bist.

Du zeigst dich in meiner Krankheit anders als bisher. Aber ich vertraue darauf, dass du mich nicht verlässt und dass du mir neu aufgehst in meiner Krankheit als der unbegreifliche und doch in seiner Unbegreiflichkeit als der mich liebende und mir gnädige Gott.

## Gebet im Ärger

Guter Vater, ich habe mich maßlos geärgert über den Arbeitskollegen, der seine Arbeit schlampig gemacht und mir damit Probleme bereitet hat. Und ich habe mich geärgert über seine Art und Weise, wie er sich da herausgeredet und mir die Schuld an dem Fehler zugeschoben hat.

Ich werde den Ärger nicht los. So halte ich dir meinen Ärger hin und bitte dich: Lass deine Liebe und dein Erbarmen in diesen Ärger hineinfließen, damit er sich auflöst, damit ich frei werde von den inneren Selbstgesprächen.

Erfülle mein Herz mit deiner Liebe, damit ich wieder zur Ruhe komme. Ich will dem Ärger nicht so viel Macht über mich geben. Ich spüre, dass er mir nicht guttut. Ich lasse mich dann vom anderen bestimmen. Ich möchte aber, dass dein Geist mich erfüllt und meine Gefühle bestimmt. Das ist besser für mich. Dann kann ich wieder aufatmen und mich frei fühlen.

So bitte ich dich: Verwandle meinen Ärger in Klarheit und Frieden, aber auch in Kraft, den anderen aus mir herauszuwerfen, damit ich mich wieder ganz dir und den Menschen zuwenden kann, denen ich daheim in der Familie begegnen werde.

## Gebet bei Eifersucht

Guter Gott, immer wenn ich mit meinem Ehepartner in einer Gesellschaft bin, werde ich eifersüchtig, weil sich alle um meinen Partner/meine Partnerin kümmern.

Ich stehe abseits. Ich bin nicht interessant. Viele Männer umschwärmen meine Frau, viele Frauen bewundern meinen Mann. Das macht mich eifersüchtig. Denn ich kenne ja die Schattenseite meines Partners/meiner Partnerin.

Ich fühle mich ohnmächtig meiner Eifersucht gegenüber. Wenn ich allein bin, steigt die Eifersucht in mir hoch.

Ich halte dir meine Eifersucht hin. Führe mich durch meine Eifersucht in den Grund meiner Seele, in dem ich mich nach bedingungsloser und absoluter Liebe sehne.

Ich weiß, dass unsere menschliche Liebe immer begrenzt ist. Lass mich erahnen, dass deine göttliche Liebe in mir ist – eine Liebe, die unbegrenzt und unermesslich ist.

Verwandle du meine Eifersucht, dass sie mich von meinen Gefühlen weg auf deine bedingungslose Liebe verweist, die mich immer umgibt und die allein mir wahre Ruhe und wahren Frieden zu schenken vermag.

## Gebet bei Neid

Gütiger Gott, ich ärgere mich selbst über meine Neidgefühle.

Aber wenn ich sehe, wie mein Nachbar immer Erfolg hat, wie er sich alles leisten kann, wie er in seiner Umgebung beliebt ist und alle ihn bewundern, dann steigt Neid in mir auf. Und ich kann nichts gegen diese Neidgefühle tun. Wenn ich sie unterdrücken möchte, tauchen sie doch wieder auf.

So halte ich dir meinen Neid hin. Lass dein Licht in meine Neidgefühle dringen, damit ich erkenne, welche Sehnsucht darin steckt.

Ja, ich sehne mich danach, dass ich überall beliebt bin, dass ich immer Erfolg habe, dass ich genügend Geld zum Leben habe. Ich halte dir meine Sehnsucht hin.

Vor dir erkenne ich, dass weder die Anerkennung der Menschen noch Reichtum meine tiefste Sehnsucht zu erfüllen vermag. Du allein wirst meine Sehnsucht stillen.

Ich halte dir in meinen Neidgefühlen meine Sehnsucht hin, damit du mein Herz zur Ruhe bringst. Und ich bitte dich in meinem Neid um die Gabe der Dankbarkeit, dass ich dankbar auf all das schaue, was du mir geschenkt hast.

## Gebet in Resignation

Herr Jesus Christus, in deiner Auferstehung hast du die Resignation des Todes überwunden, hast grauen Morgen meines Alltags verwandelt und in das Licht deiner göttlichen Herrlichkeit getaucht.

Lass mich dich als den Auferstandenen in allen Situationen meines Alltags erfahren, in meiner Arbeit, in der Vergeblichkeit, in der Enttäuschung, im Miteinander und in der Einsamkeit.

Lass mich erkennen, dass du vom Ufer der Ewigkeit schon eingetreten bist in mein Leben und dass du mein Leben in das milde Licht deiner Liebe eintauchst.

Lass auch mich mitten in meinem Alltag Auferstehung erfahren, dass ich aufstehe aus dem Grab meiner Angst und Resignation – hinein in das Leben, das du mir schenkst.

## Wohne du in mir

Barmherziger und guter Gott, erfülle du mein Haus mit deinem Licht und deiner Liebe.
Zeige mir, wo ich dein Bild in mir vergraben habe unter meinen Sorgen und meiner Geschäftigkeit, unter meinen Ängsten und Traurigkeiten, unter den vielen Gedanken, die ich mir über die tausend Dinge des Alltags mache.
Räume du in mir hinweg, was dein Bild in mir verstellt.
Wohne du in mir, damit ich alle Räume meines Hauses bewohnen kann, damit ich gemeinsam mit dir in meinem Hause wohnen darf und in dir und mit dir mich selbst finde, so wie du mich geschaffen und gebildet hast.

## Öffne mich

Guter Gott, öffne meine Ohren, dass sie in diesen Tagen der Exerzitien dein Wort vernehmen, dass ich dein Wort mit dem Herzen höre und mich von ihm verwandeln lasse.

Mach mich sensibel für die leisen Impulse, in denen du zu mir sprichst. Und öffne meinen Mund, dass er dich lobt und preist für alles, was du mir Gutes getan hast.

Befähige mich durch deinen Heiligen Geist, dass die Worte, die ich sage, die Menschen aufrichten und ermutigen.

Lass es Worte der Liebe sein, die heilen und trösten, die Beziehung stiften, die versöhnen und befreien, die einen neuen Horizont eröffnen, die den Himmel aufbrechen lassen über der Verschlossenheit der Menschen und ihnen vermitteln, dass ihr Leben wertvoll ist und einmalig.

## Sprich du dein Wort der Liebe und Bejahung

Herr, ich komme zu dir mit allem, was ich bei mir nicht anschauen mag, mit all dem Unansehnlichen und Unausstehlichen, das ich vor anderen verbergen möchte, mit dem Aussatz, der mich ausschließt aus der menschlichen Gemeinschaft.

Ich halte dir meine Wahrheit hin und bitte dich: Berühre mich mit deinen liebenden Händen, damit ich es auch wage, in Berührung zu kommen mit allem, was in mir ist, auch mit dem Dunklen und Unangenehmen, mit dem Verdrängten und vom Leben Ausgeschlossenen.

Sprich du dein Wort der Liebe und Bejahung, damit ich mich selbst bejahen und annehmen kann mit allem, was in mir ist. Damit ich mit dem Herzen einsehen kann, dass alles in mir gut ist und rein vor dir.

## Gott in der Verborgenheit meines Herzens erfahren

Herr Jesus Christus, du hast uns gelehrt, wie wir beten sollen.

Lehre mich in diesen Exerzitien, so zu beten, dass ich Gott in der Verborgenheit meines Herzens erfahren darf.

Lass mich in Berührung kommen mit dem innersten Raum meines Herzens, in dem du selbst wohnst, in dem ich ganz frei sein darf und heil, in dem du mich zu mir selbst, zu meinem wahren Wesen führst.

Lass mich dort, wo du in mir wohnst, erfahren, was die heilige Teresa so beglückend erfahren durfte: dass dem, der dich hat, nichts fehlt, dass du allein genügst.

## Ich danke dir, dass ich dein Kind bin

Vater im Himmel, dein Sohn Jesus Christus hat uns gelehrt, dich mit dem vertrauten Namen »Abba, lieber Vater« anzusprechen.

Ich danke dir, dass ich dein Kind bin und nicht mehr ein Sklave, der an seiner Leistung gemessen wird.

Lass mich in der Freiheit der Kinder Gottes leben und aus dem Vertrauen, dass du als mein Vater mir das Rückgrat stärkst und den Rücken freihältst, damit ich das Leben in Freiheit wage, das du mir geschenkt hast: ein Leben in Fülle, ein buntes und lustvolles Leben.

## Du schenkst uns deinen Heiligen Geist

Unbegreiflicher Gott, im Gebet schenkst du uns deinen Heiligen Geist, dass er uns verwandelt und verklärt.

Ich danke dir für alle Augenblicke der Verklärung, die ich in meinem Leben erfahren durfte, für jedes Wort, das sich mir verklärt, für jeden Blick der Liebe, der mich verwandelt hat, für die Momente, da mir alles klar geworden ist und ich Ja sagen konnte zu meinem Leben, zu meiner Geschichte, zu dieser Welt, in die du mich gestellt hast.

Lass mich in diesen Tagen der Exerzitien so beten, dass du mich ganz und gar erfüllst und mich verwandelst, dass deine Herrlichkeit in mir aufleuchtet und das ursprüngliche und unverfälschte Bild in mir zum Strahlen bringt.

## Ich bitte dich um Achtsamkeit und Geduld

Herr Jesus Christus, du kehrst auch in mein Haus ein, so wie du bei Maria und Marta eingekehrt bist.

Du willst in der Stille der Exerzitien zu mir sprechen. Aber so oft verstecke ich mich hinter meinen vielen Aktivitäten. Es genügt mir oft, wenn ich etwas von dir eingesehen habe. Aber ich halte es nicht aus, längere Zeit einfach vor dir zu sein und auf dich zu schauen und auf dein Wort zu hören.

Ich bitte dich um Achtsamkeit und Geduld, damit ich wie Maria einfach nur vor dir verweile und auf dich schaue, ohne dich für mich auszunutzen, ohne sofort Ratschläge zu wollen.

Sprich zu mir in der Stille und zeige mir, dass nur eines notwendig ist: dich in mein Leben eintreten zu lassen, dir zu Füßen zu sitzen und mich von dir beschenken zu lassen. Denn du allein kannst meine tiefste Sehnsucht erfüllen.

## Du hast mir neues Leben geschenkt

Herr Jesus Christus, du hast mich befreit von der prägenden Macht meiner Vergangenheit. Du hast mir neues Leben geschenkt. Ein Leben, das mir und meiner Wahrheit entspricht, das dem Bild gerecht wird, das Gott sich von mir gemacht hat.

Ich danke dir, dass du mich der Sinnlosigkeit alter Muster und Zwänge entrissen hast. Schenke mir deinen Geist, dass ich bewusst lebe, was du mir zugedacht hast, dass ich wirklich mein eigenes Leben lebe, zu dem du mich berufen hast.

## Lass mich deine heiligende Gegenwart in mir spüren

Herr Jesus Christus, du hast uns deinen Geist gesandt, um in uns zu wohnen und in uns zu leben.

Ich danke dir, dass du in mir Wohnung nimmst, dass du nicht zurückweichst vor dem Chaos meines Herzens, vor der Zerrissenheit meiner Gefühle.

Ich bitte dich, lass mich deine heiligende und liebende Gegenwart in mir so spüren, dass ich frei werde von der bedrängenden Nähe der Menschen, die etwas von mir erwarten, die mich hin- und herschieben möchten.

Wenn du in mir wohnst, dann kann ich auch bei mir wohnen, dann finde ich meine Mitte, dann entdecke ich, wer ich selbst bin.

Lass mich mit dem heiligen Paulus die befreiende Erfahrung machen, dass nicht mehr ich lebe, sondern du in mir. Lass diese Erfahrung fruchtbar werden für diese Welt.

## Lass mich durchlässig werden für deine Liebe

Herr Jesus Christus, du hast am Kreuz dein Leben für mich hingegeben, weil du mich liebst. Du hast mich bis zum Ende geliebt, bis in den Tod hinein. Du hast im Tod dein Herz für mich geöffnet, damit ich mich darin bergen kann mit meiner Unruhe, mit meiner Zerrissenheit, mit meinen Schuldgefühlen.

Ich danke dir für deine gekreuzigte Liebe, die mich freilässt, die mich leben lässt. Und ich bitte dich, dass ich deine Liebe so in mich aufnehme, dass sie durch mich hindurch auch auf die Menschen ausströmt, denen ich Tag für Tag begegne.

Lass mich durchlässig werden für deine Liebe und in deiner Liebe den Grund meiner Existenz erfahren.

## Ich danke dir, dass du mich ganz und gar durchdringst mit deiner Liebe

Herr Jesus Christus, ich danke dir für das Vermächtnis deiner Liebe, das du uns in der Eucharistie geschenkt hast.

Ich danke dir, dass du mich in jeder Eucharistie berührst mit deinen heilenden und liebenden Händen, dass du mich ganz und gar durchdringst mit deiner Liebe, dass ich eins werden darf mit dir, der sich für mich hingegeben hat.

Schenke mir ein bereites Herz, damit ich dich in mir so aufnehme, dass du alle meine Verletzungen und Kränkungen zu heilen vermagst und dass dein Wort der Liebe in mir Fleisch annimmt und mich durchlässig macht für deine Liebe.

## Mach mich zum Werkzeug deines Friedens

NACH FRANZISKUS VON ASSISI

Mach mich zum Werkzeug deines Friedens,
dass ich liebe, wo man hasst,
dass ich verzeihe, wo man beleidigt ist,
dass ich verbinde, wo Streit ist,
dass ich die Wahrheit sage, wo Irrtum ist,
dass ich Glauben bringe, wo Zweifel droht,
dass ich Hoffnung wecke, wo Verzweiflung quält,
dass ich Licht entzünde, wo Finsternis regiert,
dass ich Freude bringe, wo der Kummer wohnt.

Herr, lass mich trachten
nicht, dass ich getröstet werde, sondern dass ich tröste,
nicht, dass ich verstanden werde, sondern dass ich verstehe,
nicht, dass ich geliebt werden, sondern dass ich liebe.

Denn wer sich hingibt, der empfängt,
wer sich selbst vergisst, der findet,
wer verzeiht, dem wird verziehen,
und wer stirbt, der erwacht zum ewigen Leben.

## Vor Gott sein

Barmherziger und guter Gott, du bist gegenwärtig. Ich sitze hier vor dir. Ich möchte dich spüren.
Ich weiß, dass du da bist. Aber ich spüre dich nicht. Lass mich dich erfahren.
Ich halte dir alles hin, was in mir ist, meine Sehnsucht, meine Sorgen und Ängste und meine innere Zerrissenheit.
Ich vertraue darauf, dass du mich anschaust und dass deine heilende und liebende Gegenwart mich einhüllt, auch wenn ich sie nicht wahrnehme.
Aber je mehr ich mich und meine Wirklichkeit dir öffne, desto näher kommst du mir, desto mehr spüre ich: Ja, du bist wirklich da.
Du bist die Liebe, die mich umgibt.
In deiner Gegenwart kann ich selbst gegenwärtig werden. In deiner Nähe komme ich mir selbst nahe. Und so werde ich bei dir ruhig und finde Frieden mitten in den Turbulenzen meiner Seele.
Dank sei dir für deine heilende Liebe, die mich umgibt.

## In der Natur

Allmächtiger und ewiger Gott, Schöpfer der Welt. Ich bin in deiner Schöpfung, genieße das Grün der Wiesen und die Ruhe der Wälder.

Die Natur ist von deinem Geist durchdrungen. Ich erlebe in der Lebendigkeit der Natur dein göttliches Leben, das alles um mich herum durchdringt.

In der Natur erlebe ich, dass dein göttliches Leben auch in mich strömt und mich lebendig macht.

In der Schönheit der Landschaft schaue ich deine Schönheit, in der Zärtlichkeit der Blumen deine Zärtlichkeit, in der Ruhe der sanften Hügel deine göttliche Ruhe und Sanftheit.

Ich danke dir für das Geschenk der Natur. In ihr kann ich mich erfrischen. In ihr komme ich mit meiner eigenen Lebendigkeit in Berührung. Und ich spüre, dass durch die Blumen und Bäume hindurch deine Liebe zu mir strömt und mich erfüllt.

Dafür danke ich dir durch Jesus Christus, durch den du alles geschaffen hast, was ist.

## Auf der Fahrt

Barmherziger und guter Gott. Ich fahre durch die Landschaft.

Ich habe ein Ziel, zu dem ich fahren will. Aber jetzt genieße ich die Landschaft, durch die mich die Straße führt.

Schütze mich auf der Fahrt, dass ich auf den Verkehr achte und sicher an mein Ziel komme. Aber lass mich auch die Fahrt selbst genießen, dass sie nicht anstrengend wird, sondern zum Erleben deiner Schönheit und Weite.

Ich schaue auf die Weite des Landes, auf die Hügel, auf die Wälder, auf die immer neuen Farben, auf die Sonne, die die Landschaft in ein mildes Licht taucht.

Ich danke dir, dass du uns diese schöne Welt geschenkt hast. Ja, ich will nicht möglichst schnell ankommen, sondern ich will deine Welt beachten, durch die ich fahre, damit ich überall deine heilende und liebende Nähe spüre.

## Auf dem Weg

Guter Gott, ich habe mich auf den Weg gemacht. Ich schreite aus. Ich genieße es, zu wandern. Im Gehen schaue ich auf das, was sich mir auf dem Weg zeigt.

Die Landschaft zeigt mir immer wieder ihr neues Gesicht. Ich höre auf das, was mich umgibt: auf das Singen der Vögel, auf das Rauschen des Windes, auf das Plätschern des Baches. Die Geräusche sind kein Lärm – sie beruhigen mich.

Ich rieche den Duft der Bäume und den Duft der Landschaft. Ich weiß nicht, wie er sich zusammensetzt. Aber jede Landschaft hat ihren eigenen Duft. Auch jede Witterung riecht anders. In der Sonne riecht die Landschaft anders als während des Regens oder nach einem erfrischenden Regenschauer.

Ich danke dir, dass ich durch deine Welt wandern darf, dass du mich überall umgibst mit deiner Schönheit und Lebendigkeit.

So gehe ich und freue mich an deiner Gegenwart.

## Beim Pilgern

Barmherziger und guter Gott, segne mein Pilgern.

Ich bin auf dem Weg zum Heiligtum, zu dem Ort, an dem schon viele Menschen gebetet und im Gebet Stärkung, Trost und Heilung erfahren haben. Ich nehme alle meine Sorgen und Anliegen mit. Ich habe diese Wallfahrt auf mich genommen, um für mich und für die Menschen zu beten, die mir am Herzen liegen.

Schon dieser Weg ist ein Bild für mein Leben. Ich bin ausgezogen von daheim, um mich auf den Weg zu machen. Mein ganzes Leben lang bin ich unterwegs, immer auf dem Weg.

Wandernd wandle ich mich. Ich kann nicht stehen bleiben auf dem Erreichten. Ich möchte mich immer mehr wandeln, damit dein Geist mich mehr und mehr durchdringt. Und ich bin auf ein Ziel hin unterwegs, auf dich hin. Du bist das Ziel meiner Pilgerschaft.

Diese Wallfahrt ist ein Bild für die irdische Pilgerschaft überhaupt, die ihr Ziel hat in der ewigen Wohnung, die du mir bereitet hast.

Sei du bei mir auf dem Weg. Lass mich dich am Wallfahrtsort, zu dem ich pilgere, auf neue Weise erfahren. Lass mich deine Nähe spüren.

Schenke mir Vertrauen, dass ich zu dir kommen darf mit allem, was mich bewegt, und dass du meine Bitten hörst und erhörst, dass du mich mit deiner Liebe umgibst.

## An einem Bildstock oder Wegkreuz

Gütiger Gott, fromme Menschen haben diesen Bildstock, dieses Wegkreuz, aufgestellt. Sie haben damit ein Gelübde erfüllt. Sie haben erfahren, dass du ihnen geholfen hast. Aus Dankbarkeit haben sie diesen Bildstock geschaffen. Sie haben ihn mitten in die Landschaft gestellt, damit alle, die daran vorübergehen, spüren, dass du die ganze Welt erfüllst, dass du überall bist, auch mitten in der Natur.

Der Bildstock will mich einladen, innezuhalten und dir meine Anliegen vorzutragen. Und er will mich daran erinnern, dass du mir überall auf meinem Weg begegnest.

Das Wegkreuz zeigt mir, dass mich auf meinem Weg manches durchkreuzt. Aber alles, was mir von außen widerfährt und mich durchkreuzt, will mich nur immer mehr aufbrechen für dich.

Das Wegkreuz ist für mich auch ein Zeichen, dass dein Sohn mit seiner Liebe alles in mir umarmt, damit auch ich mich liebevoll selbst umarme in meiner Gegensätzlichkeit: in meiner Stärke und meiner Schwäche, in meiner Gesundheit und in meiner Krankheit, in meiner Angst und in meinem Vertrauen.

Lass mich getröstet und gestärkt von diesem Kreuz und diesem Bild weitergehen auf meinem Weg.

## An einer Brücke

Barmherziger Gott, ich stehe fasziniert vor dieser Brücke, die das eine Ufer mit dem anderen verbindet. Sie ist ein Bild für deinen Sohn Jesus Christus, der vom Himmel herabgestiegen ist, um mit uns zu wandern. Er hat in seiner Menschwerdung den Abgrund zwischen Gott und uns Menschen überbrückt, er hat die Kluft zwischen Himmel und Erde überwunden.

Die Kirchenväter sehen Jesu Kreuz als Bild für die Brücke, die er zwischen Himmel und Erde aufgespannt hat, damit wir getrost und sicher darübergehen können.

Die Brücke lädt mich ein, selbst Brücke zu sein für die Menschen. Ich darf manchmal erleben, wie ich die Kluft zwischen verfeindeten Menschen überbrücke, wie ich Brücken baue zwischen Menschen verschiedener Nationen, Kulturen und Rassen.

Die Kirchenväter haben den Papst »Pontifex«, Brückenbauer, genannt. Lass auch mich zum Pontifex, zum Brückenbauer werden zwischen den Menschen und von den Menschen hin zu dir.

## An einer Tür

Herr Jesus Christus, ich stehe vor der Tür. Bevor ich hineingehe, möchte ich dem Geheimnis der Tür nachspüren.

Du selbst hast gesagt: »Ich bin die Tür.« Wenn wir durch dich hindurchgehen, kommen wir auf die fruchtbare Weide. Du bist die Tür, durch die wir Zugang finden zu unserem eigenen Herzen und zu den Herzen der Menschen.

Du hast uns den heiligen Christophorus als den »Schwellenheiligen« geschenkt. In frühen Zeiten achtete man sehr darauf, bewusst über eine Schwelle zu treten, weil man nicht wusste, was einen jenseits der Schwelle erwartete. So malte man in der Kirche ein großes Bild des heiligen Christophorus an die Eingangswand, damit er uns beim Gang durch die Tür schütze.

Segne jetzt mein Gehen durch die Tür, damit ich als Gesegneter in den Raum gehe.

Segne den Raum, den mir die Tür eröffnet, damit ich in einen gesegneten Raum trete.

Öffne mir auch die Tür zu den Menschen, die mich erwarten.

Lass mich erfahren, dass du selbst die Tür bist, durch die ich bei den Menschen eintrete, um sie mit deiner Liebe zu beschenken.

## Im Labyrinth

Guter Gott, dieses Labyrinth erinnert mich an die vielen Wege meines eigenen Lebens.
Oft sind diese Wege verworren. Ich weiß nicht, wohin der Weg mich führt, auf dem ich gerade gehe.
Aber bei diesen vielen Kurven, die ich hier gehe, habe ich doch das Vertrauen, dass sie in die Mitte führen und aus der Mitte wieder heraus in die Weite.
Schenke du mir die Hoffnung, dass alle Wege, die ich hier in meinem Leben gehe, mich immer mehr in meine Mitte führen, zu meinem wahren Selbst, zu dem inneren Raum der Stille, in dem du selbst in mir wohnst.
Lass mich darauf vertrauen, dass alle Wege zum Ausgang führen, der mich in die Weite und in die Freiheit und letztlich in dein göttliches Leben hineinführt.
Lass dieses Labyrinth für alle, die es beschreiten, zu einer tiefen Erfahrung ihres eigenen Lebens werden, das von dir umschlungen ist und dessen Wege durch alle Irrwege und Umwege hindurch zu dir führen, der du unser Heil und unser wahres Leben bist.

## In einer Kirche

Barmherziger und guter Gott, ich sitze hier in dieser Kirche, in der vor mir schon so viele Menschen gebetet haben. Ihr Gebet erfüllt diese Kirche. Ich fühle mich davon getragen.

Ich sitze in dieser Kirche, die ein Ort deiner heiligen Gegenwart ist. Deine liebende Gegenwart drückt sich aus in dem Tabernakel, in dem dein Sohn Jesus Christus in der Gestalt des Brotes sichtbar und greifbar unter uns wohnt.

Deine Gegenwart wird sichtbar in den Bildern und Statuen der Kirche. In ihnen schaue ich, was du aus einem Menschen formst, wenn er sich deiner Liebe öffnet.

Und deine Gegenwart wird erfahrbar in diesem hohen Raum, der ein Bild ist für den Himmel, der sich über uns öffnet.

Lass mich in deiner Gegenwart zur Ruhe kommen. Lass mich selbst bei mir ankommen und darauf vertrauen, dass deine Liebe mich jetzt umgibt und alles durchdringt, was in mir aufgewühlt und verletzt ist.

## Im Krankenhaus

Herr Jesus Christus, du bist gekommen, um unsere Wunden zu heilen. Du hast dich den kranken Menschen zugewandt, sie aufgerichtet und ihre Krankheiten geheilt.

Ich bitte dich: Sei du hier in diesem Krankenhaus bei den vielen Kranken. Sei du ihr eigentlicher Arzt, der durch die vielen Ärzte und Krankenschwestern die Kranken berührt und sie mit deiner heilenden Liebe erfüllt.

Gib den Kranken das Vertrauen, dass sie wieder gesund werden. Lehre sie, dass die Krankheit sie aufbrechen möchte für ihr wahres Selbst und für den Gott, der jenseits unserer Bilder ist.

Schenke ihnen die Hoffnung, dass sie durch die Krankheit eine neue Weise des Lebens und des Miteinanders lernen, eine behutsamere, achtsamere und dankbarere Art zu leben.

Lass dieses Krankenhaus zu einem Ort werden, an dem die Kranken aufatmen und dir und sich selbst auf neue Weise begegnen.

## Im Altenheim

Barmherziger und guter Gott, segne dieses Altenheim, in dem so viele alte Menschen ihren Lebensabend verbringen.
Lass sie hier eine liebevolle Pflege erfahren und so spüren, dass deine Liebe sie umgibt.
Lass dieses Haus für sie ein Ort sein, an dem sie inneren Frieden finden, an dem sie sich aussöhnen können mit ihrer Vergangenheit und dankbar sind für das Leben, das du ihnen geschenkt hast.
Schenke ihnen das Vertrauen, dass ihr Leben auch jetzt einen unantastbaren Wert hat.
Erfülle sie mit deiner Liebe, damit sie als alte Menschen diese Liebe denen weiterschenken, die sie besuchen.
Lass die Erfahrung, die sie in ihrem Leben gemacht haben, für ihre Verwandten und Freunde zu einer Quelle der Weisheit und der Milde werden.
Lass sie die letzten Jahre, die du ihnen schenkst, bewusst erleben und ihre einmalige Spur der Güte und Dankbarkeit eingraben in diese Welt, damit durch sie diese Welt menschlicher und barmherziger wird.

## Im Hospiz

Gütiger Gott, in diesem Hospiz bereiten sich Menschen auf ihren Tod vor. Halte du deine schützende Hand über sie, damit ihr Übergang in deine Ewigkeit gelingt. Schenke ihnen das Vertrauen, dass sie nicht allein sind in ihrem Sterben. Liebe Menschen begleiten sie.

Erfülle auch die Hospizhelfer und -helferinnen mit deinem Geist, damit sie die Sterbenden liebevoll begleiten und ihnen in ihren inneren und äußeren Kämpfen voll Vertrauen beistehen.

Beschenke auch die Pfleger und Pflegerinnen, damit ihnen immer mehr das Geheimnis des Lebens aufgeht und dass ihr Glaube an die Auferstehung wächst.

Sende du jedem Sterbenden deinen Engel, damit er ihn gut über die Schwelle des Todes hinüberträgt in deine liebenden Arme.

Schenke allen, die hier arbeiten, ein Gespür für das Geheimnis jedes Sterbenden, für seine Einmaligkeit und Einzigartigkeit.

Lass dieses Haus zu einem Ort des Segens werden für alle, die hier liegen und sterben, und für die, die die Sterbenden begleiten.

## Auf dem Friedhof

Barmherziger Gott, hier auf diesem Friedhof liegen viele Tote, die ich gekannt habe, aber auch unzählige andere, von denen ich nie etwas gehört habe.

Hier liegt ihr leibliche Hülle, die bereits verwest ist. Doch ihre einmalige Person – so vertraue und hoffe ich – ist bei dir in deinem Frieden. Sie ist im Tod in die ursprüngliche und unverfälschte Gestalt hineinverwandelt worden, die du dir von jedem Einzelnen gemacht hast.

Lass diesen Friedhof für alle Menschen, die hier die Gräber ihrer verstorbenen Angehörigen besuchen, zu einem Ort der Hoffnung und des Trostes werden.

Tröste die, die noch in Trauer sind, weil der Abschied sie schmerzt, und erinnere die, die die Gräber ihrer längst verstorbenen Verwandten pflegen, an all das, was die Verstorbenen mit ihrem Leben ausgedrückt haben. Lass sie aus den Wurzeln leben, die sie durch sie empfangen haben, und die Botschaft verstehen, die die Toten an sie richten.

Lass die Menschen hier daran denken, dass auch ihr Leben einmal zu Ende geht. Schenke ihnen deinen Geist, damit sie so leben, dass auch ihr Leben zum Segen wird für andere.

## Advent

Guter Gott, in der Adventszeit warten wir auf das Kommen deines Sohnes. Wir erwarten sein Kommen in jedem Augenblick, da er an die Tür unseres Herzens pocht, um es für deine Liebe aufzuschließen. Und wir erwarten sein Kommen am Ende der Welt, da er alles mit seinem Heil erfüllen wird. Wir erwarten den Kommenden und wissen doch, dass er schon bei uns ist. Wir bitten darum, dass Jesus zu uns kommt, damit wir endlich bei uns selbst ankommen. Denn wir sind oft nicht bei uns, haben unsere Gedanken ganz woanders.

Lass diese Adventszeit für uns eine gesegnete Zeit werden – eine Zeit, in der wir ankommen bei uns selbst und in diesem Augenblick. Lass durch das Warten auf deinen Sohn unser Herz weit und offen werden, damit er wirklich in unser Herz eintreten kann.

Bring uns in Berührung mit der Sehnsucht nach dem Heil, das durch deinen Sohn zu uns gekommen ist und in jedem Augenblick zu uns kommen möchte.

Verwandle in dieser Zeit des Advents unsere Süchte, die uns immer wieder gefangen halten, in Sehnsucht.

Schenke uns die Gewissheit, dass in der Sehnsucht nach dem Kommen deines Sohnes dein Sohn schon angekommen ist in unserem Herzen und unser Herz mit Liebe erfüllt.

## Heiliger Nikolaus

Barmherziger Gott, du hast uns den heiligen Nikolaus als väterlichen Menschen geschenkt. Seine Ausstrahlung geht über die Jahrhunderte hinweg, sodass auch heute noch die Kinder das Kommen des Nikolaus erwarten, der sie mit guten Gaben beschenkt.

Erinnere uns durch den heiligen Nikolaus, dass in jedem von uns ein väterlicher Mensch steckt: jemand, der anderen den Rücken stärkt, der für sie sorgt, dass sie ihr eigenes Leben leben können – jemand, an den sie sich anlehnen können und durch den sie Sicherheit und Halt erfahren.

Erfülle uns mit deinem väterlichen Geist, damit auch wir etwas ausstrahlen von der Güte des heiligen Nikolaus, dass sich auch durch uns Menschen beschenkt fühlen, allein durch unsere Gegenwart.

Lass uns den heiligen Nikolaus feiern als Bild deiner gütigen Sorge für uns, die uns befähigt, füreinander väterlich und mütterlich zu sorgen.

## Heilige Barbara

Gütiger Gott, am Fest der heiligen Barbara stellen wir Kirschzweige in das Wasser, damit sie an Weihnachten aufblühen. So ist die heilige Barbara für uns ein Zeichen der Hoffnung, dass mitten in der Kälte unseres Lebens deine Liebe alles in uns erwärmt und zum Blühen bringt.

Segne diesen Tag, damit wir in der Gestalt der heiligen Barbara das Geheimnis unseres eigenen Lebens erahnen. Wie Barbara sind auch wir »Ausländer«. Wir kommen aus einer anderen, aus der göttlichen Welt in diese irdische. Wir tragen wie Barbara ein grünes Gewand. Die Grünkraft deines Heiligen Geistes durchdringt uns, damit alles in uns aufblüht und wir zur Quelle des Lebens werden für andere.

Schenke uns am Fest der heiligen Barbara die Hoffnung, dass auch durch uns diese Welt heller und leuchtender wird, dass auch wir wie Barbara in das Gefängnis der Menschen Hoffnung und Zuversicht bringen.

## Vor Weihnachten

Gütiger Gott, Weihnachten steht vor der Tür.

Richte meinen Geist weg von all den Besorgungen, die noch anstehen.

Öffne mein Herz für das Geheimnis, das wir in wenigen Tagen feiern werden.

Lass dieses Fest nicht einfach an mir vorübergehen, wie ich es leider schon oft erfahren habe.

Du willst an Weihnachten einen neuen Anfang mit mir feiern, da dein Sohn Jesus Christus aus Maria geboren wird. So will ich dir alles Alte und Verbrauchte hinhalten, damit du mich davon befreist.

Ich will dir auch meine Schuld hinhalten: alles, was in diesem Jahr nicht so gut war. Nimm alles von mir, was mich belastet, damit Weihnachten wirklich ein neuer Anfang wird.

Lass mich neu auf die Menschen zugehen, mit denen ich Weihnachten feiere, aber auch auf die, mit denen ich nach Weihnachten wieder zusammenarbeiten werde.

Erfülle alle Menschen, die meinen Alltag teilen, mit dem Geist des neuen Anfangs. Befreie auch sie von allem, was sie belastet, und zeige ihnen in der Geburt deines Sohnes, dass sie nicht festgelegt sind durch die Vergangenheit, sondern dass du täglich mit uns neu anfängst, dass deine Liebe alles in uns neu macht.

## Weihnachten

Gütiger Gott, heute feiern wir Weihnachten, das Fest unserer Erlösung, das Fest der Geburt deines Sohnes. Er ist als Kind zu uns gekommen.

Die Bilder von der Krippe, die Bilder Marias, die ihr neugeborenes Kind liebend in den Armen hält oder anbetend vor ihm kniet, berühren mich. Sie zeigen mir deine zärtliche Liebe. Diese Liebe kommt nicht mit Macht. Sie ist wie ein kleines Kind, das ich in die Arme nehme und wiege. Das göttliche Kind – so sagt uns dieses Fest – ist nicht nur in der Krippe im Stall von Bethlehem. Es ist auch in unserem Herzen.

Lass mich heute daran glauben und lass es mich auch erfahren, dass das göttliche Kind in mir ist, dass mein Herz von Liebe erfüllt ist, weil du selbst in ihm geboren wirst.

Wenn du in mir geboren wirst, erkenne ich meine eigene Würde. Du wagst es, im Stall meines Herzens geboren zu werden, um mich in meiner Alltäglichkeit und Banalität daran zu erinnern, dass in mir ein Geheimnis wohnt, das größer ist als ich selbst.

Dieses Geheimnis deiner Liebe, die in dem Kind in der Krippe sichtbar und spürbar wird, wohnt in mir und unter uns. Es lässt uns daheim sein in uns und miteinander. Wir sind nicht allein in unserem Haus. Du selbst hast unser Haus zu deiner Wohnung erwählt. Lass uns auf neue Weise in unseren Herzen und in unserem Haus wohnen, als Menschen, die gewürdigt worden sind, Ort deiner Gegenwart zu werden.

## Der Retter, unser Gott, ist da

HYMNUS DES BENEDIKTINISCHEN ANTIPHONALES

Ein heller Ruf durchtönt die Nacht:
Der Retter, unser Gott, ist da!
Der Herr, den alle Welt ersehnt,
er hat sich unsrer Not erbarmt.

Dem Volk in Nacht und Finsternis
erstrahlt ein Licht, erglänzt ein Stern:
die Herrlichkeit des Herrn erscheint
im Kinde, das Maria hegt.

Des Vaters Glanz, das Licht vom Licht,
erleuchtet unsre Dunkelheit;
nun glaubt und staunt: Gott selbst ist Mensch
und geht in unser Elend ein.

Herr Jesus, dir sei Ruhm und Preis,
Gott, den die Jungfrau uns gebar,
Lob auch dem Vater und dem Geist
durch alle Zeit und Ewigkeit.

## Jahreswechsel

Barmherziger Gott, das alte Jahr geht zu Ende. Es liegt vor mir mit allem, was ich erlebt habe.

Ich danke dir für alles, was du mir in diesem Jahr geschenkt hast. Ich habe Erfahrungen gemacht, die mich bereichert haben. Ich durfte Menschen begegnen, die mich mit ihrer Liebe beschenkt haben. Ich durfte etwas gestalten und formen, was für andere zum Segen wurde. Dafür danke ich dir.

Ich erinnere mich auch an das, was nicht so gut war. Aber ich verzichte darauf, Bilanz zu ziehen und alles, was war, in Soll und Haben zu buchen. Ich halte dir das vergangene Jahr hin. Ich übergebe es dir. Ich verzichte darauf, es zu bewerten. Ich überlasse es dir, damit du das, was war, verwandelst und mir die Frucht des vergangenen Jahres reichst, damit sie mich auch im neuen Jahr nähren wird.

Du erinnerst mich, dass die Zeit vergeht, dass meine Lebenszeit begrenzt ist. Lass mich am Ende dieses Jahres mein eigenes Ende in den Blick nehmen und darum bitten, dass nicht nur dieses Jahr, sondern auch mein Leben einmal gut enden wird.

## Neujahr

Guter Gott, wir haben ein neues Jahr begonnen.

Es ist noch unbefleckt, unverbraucht. Es liegt als etwas Neues vor uns.

Im Neuen ist immer auch die Verheißung, dass alles in uns erneuert wird, dass es besser wird. Die ersten Stunden des neuen Jahres sind schon wieder vergangen. So wird das Neue mit jeder Sekunde ein Stück weit verbraucht. Schenke mir Achtsamkeit, damit ich das Neue, das du mir anbietest, mit einem neuen Herzen aufnehme, damit Neues in mir wachsen kann.

Erneuere mein Herz, erfülle mit deinem neuen Geist meine Beziehungen, meine Freundschaften, meine Partnerschaft, meinen Umgang mit den Mitarbeitern.

Schenke uns eine neue Chance, dass wir neue Wege miteinander gehen, dass Neues in uns wachsen kann.

Segne dieses neue Jahr, damit es ein Jahr des Heils wird, dass Verwundetes geheilt, Zerbrochenes verbunden wird und Erstarrtes aufbricht zu neuem Leben.

## Epiphanie

Barmherziger und guter Gott, heute ist deine Herrlichkeit in deinem Sohn Jesus Christus allen Völkern erschienen. Die Weisen aus dem Osten sind gekommen, um das Kind in der Krippe anzubeten und zu bekennen, dass in ihm die Weisheit von Ost und West, von Nord und Süd verkörpert ist.

Die Weisen, die sich auf den Weg gemacht haben, um ihrer Sehnsucht nach dem neugeborenen König zu folgen, erinnern mich an meinen eigenen Weg. Auch ich bin auf dem Weg nach dem, der meine tiefste Sehnsucht erfüllt. Ich sehne mich danach, wie die Magier aus dem Osten anzukommen und anzubeten.

Wenn ich anbetend mich vergessen kann, meine Sorgen und Probleme loslassen kann, dann bin ich wirklich angekommen bei dir, dann wird mein Leben durch dich verwandelt. Dann erkenne ich dich als den, der mein Leben vergoldet, der meine Wunden heilt und meine tiefste Sehnsucht erfüllt.

Schenke mir heute den Mut, auszuziehen aus allem Bekannten und mich auf den Weg zu machen, um den zu suchen, nach dem sich meine Seele sehnt.

Gib mir das Vertrauen, dass auch ich ankommen werde, dass der Stern der Sehnsucht auch mich leitet und mir den Ort zeigt, an dem ich niederfallen kann, weil das Geheimnis, das alle Sehnsucht übersteigt, dort greifbar geworden ist.

## Fasching

Gütiger Gott, Fasching ist kein Fest des Kirchenjahres. Und doch wurde es nur dort gefeiert, wo die Fastenzeit bewusst begangen wurde. Bevor wir uns auf die Fastenzeit einlassen, dürfen wir uns der Freude überlassen.

Wir können nicht auf Befehl lachen. Aber Fasching lädt uns ein, mit der Freude und Fröhlichkeit in Berührung zu kommen, die auf dem Grund unserer Seele bereitliegt.

Schenke uns ein fröhliches Fest, an dem wir herzhaft lachen können und im Lachen all das vergessen, was uns im Alltag sonst belastet.

Dein Sohn Jesus Christus hat uns, die wir oft genug traurig sind und weinen, verheißen, dass wir lachen werden. Im Lachen übersteigen wir das, was uns niederziehen möchte. Da fühlen wir uns allem überlegen, was Macht über uns gewinnen möchte.

Lass uns heute das Lachen der Befreiten lachen.

Lass uns erfahren, dass die Probleme, die wir mit uns tragen, heute einmal keine Macht über uns haben, sondern dass wir im Lachen schon teilhaben an der Erlösung, an der Überwindung alles Dunklen durch deinen Sohn Jesus Christus.

## Aschermittwoch

Gütiger Gott, nach der ausgiebigen Faschingsfeier muss ich mich erst auf den Aschermittwoch einstellen.

Heute werde ich mit dem Aschenkreuz bezeichnet werden. Es erinnert mich daran, dass ich Staub bin und zum Staub zurückkehren werde.

Die Asche ist Zeichen der Buße, dass ich alles besser machen möchte als bisher. Die Asche zeigt, dass Altes verbrannt wird. Das, was nicht dem Leben dient, wird verbrannt. Und mit Asche hat man die Gefäße gereinigt.

Beim Austeilen des Aschenkreuzes sagt der Priester auch oft: »Kehre um und glaube an das Evangelium.« Das Aschenkreuz will mich einladen, meine alten Wege zu verlassen, um die Wege zu gehen, die mich ans Ziel führen.

Das griechische Wort »metanoeite«, das hier für »umkehren« steht, bedeutet eigentlich »umdenken«. Der Aschermittwoch lädt mich ein, umzudenken, anders zu denken, hinter die Dinge zu schauen, das Eigentliche hinter dem Oberflächlichen zu entdecken.

Das Umdenken ist die Voraussetzung für den Glauben. Im Glauben denke ich um, da sehe ich die Welt mit anderen Augen.

Ich bitte dich, lehre mich heute, anders zu denken, auf mein Leben und auf die Menschen mit anderen, neuen Augen zu schauen, zu glauben, dass du mir in allem und in jedem Menschen begegnest.

## Fastenzeit

Barmherziger und guter Gott, segne die Fastenzeit, dass sie für mich eine gute Übungszeit wird.

Die Fastenzeit ist ja die Zeit des Trainings der inneren Freiheit. Ich freue mich nicht auf die Fastenzeit. Aber ich weiß, dass sie mir guttun wird.

Segne diese Fastenzeit, dass ich mich befreie von allen krank machenden Gewohnheiten.

Lehre mich, durch Verzichten frei zu werden von meinen Süchten und zu spüren, dass ich noch frei über mich verfügen kann, dass ich nicht abhängig bin von meinen Bedürfnissen.

Lass diese Fastenzeit für mich eine Zeit der inneren Reinigung und Erneuerung werden, damit alte Gewohnheiten sich auflösen und ich wieder bewusst lebe, bewusst esse, bewusst im Augenblick bin, ohne all das, was gerade in mir ist, mit Essen oder Aktivitäten zuzustopfen.

Segne diese Fastenzeit, damit sie mich erneuert und erfrischt, damit sie meine Seele reinigt. So wird an Ostern neues Leben in mir aufblühen durch Christus, unsern Herrn.

## Frühjahr

Guter Gott, das Frühjahr ist für mich immer eine besondere Zeit.

Nach dem langen Winter sehne ich mich nach dem Frühling, nach grünen Wiesen und blühenden Blumen. Im Frühling steckt die Verheißung, dass auch in mir neues Leben aufblüht.

Die Tage werden länger, es wird heller. Ich sehne mich danach, dass das Licht auch in mir die Dunkelheit vertreibt.

Der Frühling zeigt, dass die erstarrte Natur wieder neu aufbricht. Das Leben ist stärker als der Tod. Das ist für mich eine Verheißung, dass auch in mir alles Erstarrte neu zur Blüte kommen wird.

Nicht umsonst feiert die Kirche Ostern in der Frühlingszeit. An Ostern feiern wir das Geheimnis, das die Natur uns jedes Jahr vor Augen führt, als Geheimnis unseres Lebens. Christus, die Ostersonne, hat die Dunkelheit vertrieben. Christus steht auf von den Toten.

Wir bleiben nicht im Grab der Kälte und Einsamkeit. Wir stehen mit Christus auf zu neuer Lebendigkeit. Die Fesseln werden gesprengt. Neues Leben drückt sich aus im Singen und Tanzen.

Segne diese Frühlingszeit, damit sie für mich eine Zeit neuen Lebens wird und mir die Gewissheit schenkt, dass das Leben auch in mir stärker ist als der Tod.

## Palmsonntag

Barmherziger Gott, am heutigen Tag ist dein Sohn Jesus Christus in die Heilige Stadt eingezogen. Die Leute haben ihm zugejubelt. Er ist als Friedenskönig eingezogen.

Und doch beginnt mit dem heutigen Tag seine Passion. In dieser Stadt, in die er umjubelt eingezogen ist, musste er ein paar Tage später den Weg des Leidens gehen, der ihn durch die schaulustige Menge ans Kreuz führte.

Wir haben ihm heute mit Palmzweigen zugerufen: »Hosanna dem Sohne Davids!« Aber kurz darauf haben wir die Passionsgeschichte gehört. Jesus hat sich dem Leiden ausgeliefert. Er ist als König durch das Leid hindurchgegangen, das ihm die Menschen angetan haben.

Schenke mir auch heute das Vertrauen, dass mir bei all dem Leiden, das mich immer wieder trifft, meine königliche Würde nicht genommen wird.

Lass mich den Weg des Leidens gemeinsam mit deinem Sohn gehen. Dann wird mich nicht das Leiden beherrschen, sondern ich werde mit Jesus Christus aufrecht hindurchgehen in dem Vertrauen, dass auch mich die Auferstehung erwartet.

## Karwoche

Barmherziger und guter Gott, die Karwoche ist für mich die wichtigste Woche des Jahres. Lass mich diese Woche bewusst erleben.

Ich schaue auf die Passion deines Sohnes und sehe darin seine Liebe zu mir. Mit all den Dichtern, die in den Passionsliedern seinen Leidensweg besungen habe, erkenne ich im Leiden Jesu dessen bedingungslose Liebe zu mir. Er hat sein Leben für mich aufs Spiel gesetzt. Er hat sein Leben für mich hingegeben, weil ich für ihn wichtig bin.

Der Blick auf das Leiden deines Sohnes möge auch mir den Mut schenken, auf meinen Weg zu schauen und die Wunden nicht zu verdrängen, die mir das Leben schlägt. Ich will mich nicht an den Wunden weiden, sondern im Blick auf Jesus erkennen, dass du alles zu heilen vermagst, was mich kränkt, dass du alles verwandelst, was für mich zunächst wie eine Last erscheint.

Segne diese Karwoche, dass sie meinen Glauben vertieft und mich deine Liebe und die Liebe deines Sohnes auf neue Weise erleben lässt.

## Karfreitag

Herr Jesus Christus, wir feiern heute deinen Tod am Kreuz. Wie können wir deinen Tod feiern? Sollen wir ihn nicht lieber betrauern? Doch du selbst lädst uns ein, gemeinsam mit der Kirche dein Kreuz zu feiern und zu verehren. Denn dein Kreuz ist Zeichen der Hoffnung, dass es in uns nichts gibt, was uns vom Leben abhalten kann.

Dein Kreuz zeigt uns, dass du alles Gegensätzliche in uns mit deiner Liebe umfängst, dass deine Liebe in das Starke und Schwache in uns einströmt, in das Gesunde und Kranke, in das Heile und Verletzte.

Dein Kreuz ist Zeichen dafür, dass wir von dir bedingungslos angenommen sind. So feiern wir dein Kreuz als Siegeszeichen. Wir werden heute singen: »Dein Kreuz, o Herr, verehren wir, und deine heilige Auferstehung preisen und rühmen wir: Denn siehe, durch das Holz des Kreuzes kam Freude in alle Welt.«

Dein Kreuz ist Grund der Freude. Wir brauchen vor nichts mehr Angst zu haben. Denn am Kreuz hast du die ganze Welt umarmt.

Und so schauen wir auf das Kreuz im Vertrauen, dass du uns mit all unseren inneren Gegensätzen liebevoll umarmst und dass nichts in uns von deiner siegreichen Liebe ausgeschlossen ist.

Lass uns heute voll Vertrauen dein Kreuz feiern als die Ursache allen Heils und den Grund einer Freude, die uns niemand zu nehmen vermag.

## Ostern

Auferstandener Herr Jesus Christus, du hast in deiner Auferstehung den Tod besiegt.

Du bist in das Reich des Todes hinabgestiegen und hast alles Tote in mir an die Hand genommen, um es ans Licht und zum Leben zu führen.

Du hast den Stein weggewälzt, der mich blockiert und am Leben hindert. Du hast die Fesseln gesprengt, die mich einengen. Du bist auferstanden vom Tod und schenkst mir die Gewissheit, dass auch ich mit dir aufstehen kann aus dem Grab meiner Angst, aus dem Grab meiner Dunkelheit und Resignation. Du bist nach deiner Auferstehung zuerst Maria Magdalena erschienen und hast sie mit ihrem Namen angesprochen. Sie hat in der Begegnung mit dir erfahren, dass die Liebe stärker ist als der Tod, dass deine Liebe den Tod außer Kraft setzt.

Lass mich heute glauben, dass mich im Tod dein Wort der Liebe empfangen wird. Und schenke mir das Vertrauen, dass überall dort, wo ein Konflikt uns trennt, ein Wort der Liebe neues Leben zeugt. Lass mich heute teilhaben an deiner Auferstehung und aufrecht und voller Hoffnung auf die Menschen zugehen, weil auch in ihnen deine Liebe stärker ist als der Tod.

## Auferstanden ist der Herr

HYMNUS DES BENEDIKTINISCHEN ANTIPHONALES

Im Licht erstrahlt das Morgenrot,
der ganze Himmel tönt von Lob,
im Jubel jauchzt die Erde auf,
und klagend stöhnt die Unterwelt.

Der starke, königliche Held
zerbrach des Todes schweren Bann.
Sein Fuß zertrat der Hölle Macht:
Aus harter Fron sind wir befreit.

Er, den der Stein verschlossen hielt,
den man im Grabe noch bewacht,
steigt siegreich aus dem Grab empor,
fährt auf in strahlendem Triumph.

Schon werden alle Klagen stumm
und alle Schmerzen sind gestillt,
denn auferstanden ist der Herr;
ein lichter Engel tut es kund.

Dem Herrn sei Preis und Herrlichkeit,
der aus dem Grabe auferstand,
dem Vater und dem Geist zugleich
durch alle Zeit und Ewigkeit.

## Weißer Sonntag

Herr Jesus Christus, heute am Weißen Sonntag werden viele Kinder das erste Mal zur heiligen Kommunion gehen. Ich bitte für sie, dass sie dich mit offenem Herzen empfangen und durch den Empfang deines Leibes und deines Blutes innerlich tief berührt werden, dass sie deine Liebe spüren, die sie ganz und gar durchdringt.

Ich bitte aber auch für mich und für alle Christen, die sich heute an ihre Erstkommunion erinnern. Lass uns die Kommunion heute wieder so empfangen, wie wir es als Kind getan haben: mit der Offenheit für das unaussprechliche Geheimnis, dass du eingehst in uns, dass wir eins werden dürfen mit dir, dass deine Liebe unseren Leib und unsere Seele durchströmt.

Lass uns die Worte des Hauptmanns von Kafarnaum, der voller Selbstvertrauen seinen Soldaten Befehle austeilte, vor der Kommunion mit neuer Ergriffenheit sprechen: »Herr, ich bin nicht würdig, dass du eingehst unter mein Dach. Aber sprich nur ein Wort, so wird meine Seele gesund.«

Ja, ich bin nicht wert, dass du, der Sohn Gottes, eintrittst in das Haus meines Leibes. Aber ich darf wie der Hauptmann erfahren, dass dein Kommen mich heilt, dass durch dich alles in mir gesund wird und ich ganz und gar angenommen bin von deiner Liebe. Dafür sei dir Dank, dir Jesus Christus, meinem Bruder und meinem Herrn.

## Muttertag

Barmherziger und guter Gott, heute feiern wir Muttertag. Wir denken an unsere Mütter, denen wir unser Leben verdanken. Die Mutter hat uns am Anfang des Lebens das Urvertrauen geschenkt, dass es gut ist zu leben. Sie hat uns in dieser Welt willkommen geheißen und uns mit ihrer Liebe umgeben und Geborgenheit geschenkt.

So möchte ich an diesem Tag meiner Mutter danken für alles, was ich durch sie erfahren habe an Lebensfreude, an Vertrauen in das Leben, an Offenheit und an Geborgenheit.

Ich spüre, wie die Wurzeln, die ich von meiner Mutter habe, mich tragen und mich nähren auf meinem Weg. Ich habe teil an ihrem Glauben, an ihrer Fähigkeit, auf andere Menschen zuzugehen und mit ihnen ins Gespräch zu kommen.

Ich bitte dich für alle Mütter, dass sie heute dankbar sein dürfen für die Kinder, die sie geboren haben.

Ich bitte auch für die Mütter, die sich Vorwürfe machen, weil die Kinder anders geworden sind, als sie sich das gewünscht haben. Befreie sie von allen Selbstvorwürfen und schenke ihnen das Vertrauen, dass ihre Kinder nicht allein sind, sondern dass dein Engel sie begleitet und durch alle Umwege und Irrwege hindurch auf den Weg führt, der sie zum Leben bringt.

Segne alle Mütter, dass von ihrer Liebe weiterhin Segen ausgeht auf ihre Kinder.

## Christi Himmelfahrt

Herr Jesus Christus, du bist heute in den Himmel aufgefahren. Du hast deine Jünger verlassen – nicht um sie alleinzulassen, sondern damit sie dich in ihrem eigenen Herzen wahrnehmen.

Denn der Himmel, zu dem du aufgefahren bist, ist ja in uns. Wir sollen – so sagen uns die Engel – nicht zum Himmel hinaufsehen, sondern in unser Herz blicken. Dort wohnst du in uns.

Du gehst uns nicht mehr voran, damit wir dir nachfolgen. Du bist vielmehr in uns, sodass du unsere Wege mitgehst.

Und dennoch sollen wir auch nach oben schauen. So mahnt uns der Apostel Paulus: »Richtet euren Sinn auf das Himmlische und nicht auf das Irdische!« (Kol 3,2)

Deine Himmelfahrt will uns zeigen, dass wir hier mitten auf der Erde zugleich von deinem Himmel umgeben sind, von deiner Gegenwart. Wir sollen nicht am Irdischen kleben, sondern in der Weite deines Himmels selbst weit werden, offen für Gott und offen für die Menschen um uns herum.

Wir sollen einander so begegnen, dass wir füreinander den Himmel öffnen und dass im Miteinander der Himmel über uns aufgeht.

So bitte ich dich, dass das Fest deiner Himmelfahrt uns den Himmel in uns finden lässt und uns den oft verhangenen Himmel über unserem Leben öffnet, damit dein Licht über uns leuchtet.

## Pfingsten

Auferstandener Herr Jesus Christus, du hast uns nach deiner Auferstehung den Heiligen Geist gesandt, damit er unser Leben erneuert.

Dein Heiliger Geist kam in Feuerzungen auf deine Jünger herab. So konnten sie so sprechen, dass ein Funke übersprang und alle Menschen sie verstanden.

Schenke uns deinen Heiligen Geist, damit auch wir eine Sprache sprechen, die die Herzen erwärmt.

Dein Heiliger Geist ist deine Liebe, die du in unsere Herzen ausgegossen hast. Lass uns immer die Quelle dieser Liebe in uns erfahren und schenke uns die Gewissheit, dass diese Quelle nie versiegt, weil sie göttlich ist.

Lass uns auch bei unserer Arbeit nicht nur aus der eigenen Kraft heraus schöpfen, sondern aus der Quelle deines Heiligen Geistes, damit unsere Arbeit für die Menschen zum Segen wird.

Dein Heiliger Geist hat aus den ängstlichen Jüngern die Gemeinschaft der Kirche geschaffen, die heute auf der ganzen Erde deine Botschaft verkündet. Nimm durch deinen Geist alle Angst und Furchtsamkeit aus unseren Herzen und lass uns als glaubhafte Zeugen für dich in dieser Welt eintreten, damit viele Herzen von deiner Botschaft heute berührt werden.

Stärke uns durch den Heiligen Geist, damit wir in der Kraft deines Geistes unser Leben meistern und diese Welt in deinem Sinn gestalten.

## Ferien- und Urlaubszeit

Guter Gott, du hast mir die freie Zeit meiner Ferien, meines Urlaubs geschenkt.

Lass mich erfahren, was der Urlaub eigentlich will: dass ich mir Dinge erlaube, die ich mir sonst im Alltag verbiete, dass ich mir die Erlaubnis gebe, einfach zu leben, ohne dass ich immer an den Nutzen denke.

Schenke mir die innere Ruhe, mich einfach auf das einzulassen, was gerade ist, damit ich es mit allen Sinnen genieße.

Die Ferien laden mich ein, das Leben zu feiern, das du mir geschenkt hast. In der Feier meines Lebens werde ich frei von allen Verpflichtungen, die mich sonst oft bedrücken.

Lass diese Urlaubstage für mich erholsame Tage werden, damit ich mir wieder die Kraft hole, die mir in der letzten Zeit verloren gegangen ist, damit ich gut erholt in meinen Alltag zurückkehre.

Segne diese Ferienzeit, dass ich das erlebe, was mich von neuem zum Leben bringt, dass die Begegnungen mich befruchten und ich mich an der Schönheit deiner Schöpfung erfreue.

## Herbst

Barmherziger und guter Gott, der Herbst kündigt sich an. Die Blätter verfärben sich und fangen an abzufallen. Wenn die Sonne in die Bäume hineinscheint, dann strahlen sie golden auf.

Ich erlebe dich, mein Gott, als den grandiosen Maler, der die milden Farben des Herbstes in wunderbarer Weise mischt. Es ist ein wunderbares Gemälde, das sich mir kundtut, wenn ich auf den von der Sonne beschienenen Herbstwald schaue oder wenn ich durch ihn wandere.

Aber bei all dieser Pracht beobachte ich, wie ein Blatt nach dem anderen zu Boden fällt. Die Herrlichkeit wird nicht lange währen.

Der Herbst erinnert mich an den Herbst meines Lebens, in dem ich vieles loslassen muss. Da müssen manche Blätter von meinem Lebensbaum fallen. Sie werden zum Humus für die Pflanzen des nächsten Jahres. So wird manches, was von mir abfällt, nicht mehr zu meinen Lebzeiten Frucht bringen. Es bildet den Humus für kommende Generationen.

Gott, ich bitte dich um die Milde des Herbstes, wenn ich die Menschen um mich herum betrachte. Und ich bitte um die Gelassenheit, dass auch ich bereit bin, vieles zu lassen, was nicht mehr zu wachsen vermag.

Ich will mich fallen lassen in den Grund deiner Liebe, damit in deiner Liebe Neues geboren wird für die Menschen.

## Heiliger Franziskus

Herr Jesus Christus, du hast deinen Diener Franziskus mit einer Liebenswürdigkeit beschenkt, die uns heute noch anzieht. Du hast ihn mit deinem Geist so durchdrungen, dass er wie kein anderer dir ähnlich geworden ist unter den Menschen.

Wenn ich sein Bild betrachte, schaue ich auf dich: auf deine Liebe, die nicht bewertet und beurteilt, die sich noch um das Kleinste kümmert, die auch den Vögeln des Himmels gilt.

Erfülle auch mich heute mit dem Geist, der den heiligen Franziskus erfüllt hat.

Befreie mich von aller Gier, mit der ich alles an mich raffen möchte. Schenke mir, was ihn ausgezeichnet hat: seine innere Freiheit und Fröhlichkeit und Gelassenheit.

Heiliger Franziskus, begleite du selbst mich. Lehre mich, wie ich mich von allem befreien kann, was mich abhält, Christus zu lieben. Und schenke mir deine Begeisterung für die Schönheit der Schöpfung und für die Armut, dass ich an nichts hänge außer an Christus, der mich und uns alle zum ewigen Leben führen möge.

## Allerheiligen

Barmherziger und guter Gott, heute feiern wir das Fest Allerheiligen.

Wir gedenken all der Menschen, die vor uns gelebt haben und die im Tod in deine Herrlichkeit eingetreten sind. Wir denken an die Heiligen, die uns die Kirche vor Augen führt: an die Männer und Frauen, die sich von deinem Geist haben verwandeln lassen, an die Apostel, an die Märtyrer, an die großen Heiligen wie Augustinus und Ambrosius, an heilige Frauen wie Katharina von Siena und Teresa von Ávila, an die Heiligen unserer Zeit wie Edith Stein und Maximilian Kolbe.

Wenn wir heute Eucharistie feiern, so feiern wir sie mit all diesen Heiligen. Wir beten das Vaterunser mit ihnen, die in diesem Gebet ihren Glauben und ihre Sehnsucht ausgedrückt haben, die betend ihre Zweifel und Kämpfe überwunden haben. Sie alle beten jetzt diese Worte Jesu als Schauende, wir aber als Glaubende. Aber im Beten dieser Herrenworte sind wir eins miteinander. Wir haben teil an ihrer Vollendung. Wir haben teil an ihrem Geist.

So willst du, guter Gott, uns durch dieses Fest in unserem Glauben stärken, damit wir wie die Heiligen deiner Liebe trauen und uns von deinem Geist verwandeln lassen. Die Heiligen waren keine perfekten und fehlerlosen Menschen, genauso wenig, wie wir es sind. Aber sie haben sich von deinem Geist durchdringen lassen.

Lass deinen Geist der Liebe in alle unsere Stärken und Schwächen fließen, damit auch in uns durch dich alles heil und ganz, geheiligt und heilig wird.

## Heiliger Martin

Barmherziger Gott, du hast uns den heiligen Martin geschenkt, der dir schon als Soldat gedient hat, der ein Gespür hatte für die Not der Armen, der seinen Mantel mit dem Bettler geteilt hat.

Aber wir gedenken auch des Bischofs Martin, der seine Kirche mit Liebe und Barmherzigkeit und zugleich mit Klarheit aufgebaut hat.

Die Kinder werden heute mit Laternen beim Martinszug mitgehen. Der heilige Martin fasziniert auch heute noch die Kinder, weil er beherzt seinen Mantel mit dem Schwert geteilt hat, als er den frierenden Bettler sah.

Wir haben oft den Eindruck, dass wir für unsere Welt nicht wichtig sind. Wir hinterlassen keine so klaren Spuren wie der heilige Martin. Und doch willst du uns durch den heiligen Martin zeigen, dass auch wir unsere Spur in diese Welt eingraben können, dass auch das, was wir hinterlassen, weiter wirkt.

Schenke uns heute deinen Geist der Liebe und Barmherzigkeit, damit die Spur, die wir in diese Welt eingraben, für andere eine liebevolle und barmherzige Spur wird, die auch ihr Herz für deine Barmherzigkeit öffnet.

## Im Angesicht der Engel will ich dir lobsingen

Allmächtiger und ewiger Gott, der heilige Benedikt ermahnt uns, im Angesicht der Engel dir zu lobsingen.

Manchmal ist unser Lob so dürftig. Ich spüre dich nicht, wenn ich Psalmen singe. Du bist so weit weg. Wenn ich mich dann daran erinnere, dass die Engel, die Tag und Nacht dein Angesicht schauen, neben mir stehen, dann bekommt mein Gebet eine andere Kraft. Dann spüre ich, dass ein Teil von mir – der Grund meiner Seele – dich schaut, dass du selbst um mich herum bist mit deiner Herrlichkeit und Schönheit.

Dann öffnet sich der Himmel über mir. Und ich erfahre das Gebet nicht als Last, sondern als Freude.

Ewiger Gott, zeige dich mir, wenn ich die Psalmen mit meinen Brüdern und Schwestern singe. Umgib uns Beter mit deiner heilenden Gegenwart.

Öffne unseren Blick für deine Schönheit, die in der Schöpfung sichtbar wird. Dann werden wir mit unserem Gebet den Himmel auch über den Menschen öffnen, für die wir stellvertretend gemeinsam mit den Engeln dein Lob singen.

## Psalliert weise

Allmächtiger und ewiger Gott, der heilige Benedikt ermahnt uns: »Psalliert weise.« Wir sollen die Worte, die wir singen, gleichsam mit der Zunge schmecken. Wir singen ja in den Psalmen deine Worte – Worte, die du uns in der Heiligen Schrift geschenkt hast. Wir bringen dir unsere Sorgen und Ängste dar.

Aber in diesen Worten gibst du uns schon die Antwort auf unsere Nöte. Du selbst hast uns in den Psalmen eine Schule des Gebetes geschenkt. Wir dürfen in den vorgegebenen Worten unsere eigenen Erfahrungen und Sehnsüchte zum Ausdruck bringen. Und wir erfahren im Singen schon, wie du uns immer wieder antwortest, dass du das Ziel unserer Sehnsucht bist, der Fels, auf den wir unser Leben bauen dürfen, die Zuflucht, zu der wir kommen dürfen, um Hilfe und Schutz zu erfahren.

Lass mich den guten Geschmack der Worte schmecken, die du uns geschenkt hast, und lass die Worte immer tiefer in mein Herz eindringen, damit sie mich mehr und mehr mit deinem heiligen und heilenden Geist erfüllen.

## Die Lauterkeit des Herzens

Barmherziger und guter Gott, der heilige Benedikt mahnt uns, dass wir nicht viele Worte machen sollen beim Gebet, sondern in der Lauterkeit des Herzens beten sollen.

Wenn ich zu dir bete, merke ich, wie viele Nebenabsichten sich in mein Gebet hineinmischen. Da ist der Wunsch, als fromm und spirituell zu gelten. Da ist der Wunsch, dass mir das Gebet etwas bringt.

Gütiger Gott, befreie mich von allen unlauteren Absichten und schenke mir ein reines Herz, das dich sein lässt, wie du bist, das sich zu dir erhebt, weil du Gott bist, nicht weil ich etwas vom Gebet habe.

Reinige mein Herz, damit es dich schauen kann und damit es in dir neu auf die Menschen zu schauen vermag.

Läutere mein Herz, damit du mehr und mehr mein Denken und Fühlen bestimmst und ich auch die Menschen mit reinen Augen anschauen kann. Mit Augen, die nicht besitzen oder bewerten, sondern die die Menschen sie selbst sein lassen, mit Augen, die an das Gute und Reine in den Menschen glauben.

## Du bist gesegnet mit dem Geist der Väter

HYMNUS DES BENEDIKTINISCHEN ANTIPHONALES

Du bist gesegnet mit dem Geist der Väter.
Segen verheißt uns dein geliebter Name.
Segen verbürgt uns deine hohe Weisung,
Abt Benedictus.

Mitten im Tosen sturmbewegter Zeiten
bahnte dein Leben einen Pfad des Friedens,
und deine Regel wurde Ungezählten rettende Arche.

Lob sei dem Vater auf dem höchsten Throne,
Lob sei dem Sohne, Gott, aus Gott geboren,
Lob sei dem Geiste, der mit beiden eins ist,
immer und ewig.

## Gott, mein Vater und meine Mutter

Gott, du bist mein Vater, du bist meine Mutter.

Du bist der Vater, der mir den Rücken stärkt, der mir Mut macht, mein eigenes Leben zu wagen. Ich weiß, dass ich immer zu dir zurückkommen kann, wenn ich Hilfe brauche. Bei dir kann ich mich anlehnen, wenn ich mich schwach fühle.

Gott, du bist meine Mutter. Du schenkst mir Geborgenheit und Heimat. Du gibst mir das Gefühl, dass ich willkommen bin auf dieser Welt. Du schaust mich wohlwollend und freundlich an. Wenn ich mich allein fühle, weiß ich, dass deine liebende Gegenwart mich einhüllt, dass ich geborgen bin in deiner Liebe, die mich umgibt.

So bitte ich dich, dass du dich als mein Vater erweist, wenn ich mich alleingelassen fühle, wenn ich keine Kraft in mir spüre. Und ich bitte dich, dass du dich mir als Mutter zeigst, wenn ich mich gekränkt und verletzt fühle, denn dann brauche ich deinen mütterlichen Trost. Lass mich dann erfahren, dass du mich in deine Arme nimmst.

Schenke mir selbst väterliche Kraft und mütterliche Zärtlichkeit, damit ich mit dem verletzten Kind in mir väterlich und mütterlich umgehe und für die Menschen, die du mir anvertraut hast, Vater und Mutter sein darf.

## In Gottes Hand

Gott, du hast mich geschaffen. Ich danke dir, dass du mich so wunderbar gemacht hast.

Ich erfreue mich an meinem Leib, an meinem Geist, der immer neue Ideen hat, und an den Fähigkeiten, die du mir geschenkt hast.

Du hast die Natur geschaffen, deren Schönheit ich bewundern darf. Ich kann mich manchmal gar nicht genug sattsehen, wenn ich durch eine schöne Landschaft wandere oder wenn ich eine Blume betrachte.

Du bist der Schöpfer, dessen Hand mich gestaltet hat und mich Tag für Tag immer wieder formt.

In deiner guten Hand weiß ich mich getragen und geborgen. Du hältst deine Hand immer schützend über mich. Deine Hand weist mir den Weg, wenn ich nicht weiterweiß.

Ich weiß, dass du immer bei mir bist. Auch wenn ich weit weg bin von dir, kann ich wieder zu dir zurückkommen und du empfängst mich mit deinen barmherzigen Armen. Auch wenn ich manchmal Umwege und Irrwege gehe, hältst du immer deine Arme auf, damit ich mich darin bergen kann.

Ich danke dir, du Schöpfer meines Lebens, der du mich geschaffen und gebildet hast. Mit dem Psalmisten darf ich beten: »Ich danke dir, dass ich so staunenswert und wundersam gemacht bin. Ja, das weiß ich: Wunderbar sind deine Werke.« (Ps 139,14).

## Gebet zu Jesus

Jesus, du bist mein Bruder, der mich begleitet auf meinen Wegen.

Manchmal ist mir Gott so fern und ich kann ihn mir gar nicht vorstellen. Dann versuche ich, mir das Bild vor Augen zu halten, wie du damals auf die Menschen zugegangen bist, wie du sie von ihren Krankheiten geheilt und sie wieder aufgerichtet hast, wenn sie mutlos waren.

Ich spüre deine Barmherzigkeit. Du verurteilst niemanden. Du gibst jedem eine Chance, immer wieder, auch wenn er sich lange nicht um dich gekümmert hat.

Ich spüre die Kraft, die in dir steckt. Du hast keine Angst, dich mit Menschen anzulegen, wenn sie sich hinter ihrer frommen Fassade verstecken. An dir kann keiner so leicht vorbeigehen.

Schenke mir etwas von deiner Kraft, von deiner Geradlinigkeit, von deiner Klarheit, aber auch von deiner Liebe und Güte, von deinem Vertrauen und deiner Zuversicht. Dann wird mir mein Leben gelingen. Dann werde ich mich nicht von anderen in eine Richtung treiben lassen, die mir gar nicht liegt.

Jesus, sei heute bei mir, damit ich durch dich auch ganz ich selbst bin, mit mir und meinem wahren Wesen in Berührung, ohne mich von anderen verbiegen zu lassen. Darum bitte ich dich, Jesus Christus, meinen Bruder und meinen Herrn.

## Jesus, du Brot des Lebens

Jesus, du hast wunderbare Worte gesagt, um mir zu zeigen, wer du für mich bist. Du hast gesagt, dass du das Brot des Lebens bist, das wahre Brot, das vom Himmel herabgekommen ist.

Du bist wie Brot, das mir Kraft gibt für den Weg, das mich stärkt, wenn ich mich kraftlos fühle. Du stillst meinen Hunger nach Leben, nach Liebe.

Wenn ich dich spüre, dann brauche ich meinen Hunger nicht mit Essen zuzustopfen, dann kann ich genießen, was ich zu mir nehme.

Du hast dich mit dem Brot verglichen, das Gott dem Volk Israel in der Wüste gegeben hat. Wenn ich mich manchmal wie in der Wüste fühle, alleingelassen, unverstanden von meinen Eltern, von meinen Freunden, dann bist du wie Brot, das mich nährt.

Wenn du bei mir bist, fühle ich mich nicht mehr einsam. Ich weiß mich von dir verstanden. Das nährt mich. Davon kann ich leben. Dafür danke ich dir, du Brot des Lebens.

## Jesus, der gute Hirte

Jesus, du hast ein wunderbares Wort von dir gesagt: »Ich bin der gute Hirte. Der gute Hirte gibt sein Leben für die Schafe.« (Joh 10,11).

Du gehst mir nach, wenn ich mich selbst verloren oder mich irgendwohin verirrt habe. Du machst mir keine Vorwürfe, sondern nimmst mich einfach auf deine liebenden Schultern und trägst mich dorthin, wo ich wieder leben kann. Du kennst mich und du kümmerst dich um mich.

Du setzt dein Leben für mich ein. Ich bin dir so wichtig, dass du dein Leben für mich aufs Spiel setzt.

Manchmal, wenn ich mich selbst nicht annehmen kann, wenn ich mir so wertlos vorkomme, dann tut mir das Bild des guten Hirten wohl. Ich stelle mir vor, wie du mich auf deiner Schulter trägst. Und dann weiß ich: mein Leben wird gelingen. Ich brauche mir keine Vorwürfe mehr zu machen für das, was war. Jetzt wird es gut. Jetzt bist du bei mir.

Wenn du bei mir bist, finde ich die Weide, die mich nährt und auf der ich Ruhe finde. Du bist der gute Hirte, der mir Leben schenkt, und zwar Leben in Fülle. Lass mich dieses Leben in Fülle heute erspüren.

## Jesus, die Tür zum Leben

Jesus, oft finde ich keinen Zugang zu mir selbst. Ich fühle mich wie abgeschnitten von mir. Ich lebe so dahin. Aber ich spüre mich nicht. Dann kann ich auch die anderen nicht erreichen. Ich spreche mit ihnen, aber ich komme nicht in Berührung mit ihnen.

Du hast von dir gesagt: »Ich bin die Tür.«

Gib du mir den Schlüssel, damit die Tür zu meinem Herzen aufgeht, damit ich eintreten kann in mein Inneres und dich als den innersten Kern in mir entdecke.

Sei du die Tür, damit ich Zugang finde zu den Menschen, mit denen ich lebe und arbeite, damit ich sie verstehe und ihnen helfen kann, sich selbst zu entdecken.

Manchmal habe ich den Eindruck, dass mir alle Türen in eine bessere Zukunft verschlossen sind. Beruflich wie persönlich trete ich auf der Stelle.

Öffne mir die Tür, damit ich neue Bereiche meines Lebens betreten kann, damit sich eine Perspektive eröffnet, die meinem Leben Sinn gibt.

Zeige mir bei allem, was mich bewegt, dass du bei mir bist, dass du die Tür bist, durch die ich schreiten kann, um den Raum zu betreten, in dem ich mich, meine Freude und das Leben finde.

## Gebet um den Heiligen Geist

Heiliger Geist, als die Jünger sich aus Furcht vor den Juden eingeschlossen hatten, da bist du wie ein Sturm in sie gefahren und hast sie aus ihrer Enge herausgetrieben. Und auf einmal hatten sie Mut, für Jesus und seine Auferstehung Zeugnis abzulegen.

Ich kenne diese Furcht der Jünger. Ich traue mich oft nicht, das zu sagen, was ich wirklich denke, aus Angst, die anderen könnten das komisch finden. Ich fühle mich wie blockiert, weil ich Furcht davor habe, was die anderen über mich denken könnten.

Dann brauche ich dich, Heiliger Geist, damit ich nicht auf die Gedanken der anderen fixiert bleibe. Damit ich in Berührung wäre mit meinem eigenen Herzen und das sagen würde, was sich darin an Worten bildet.

Oft habe ich auch Angst, über meinen Glauben zu sprechen. Ich habe Angst, verletzt oder lächerlich gemacht zu werden. Heiliger Geist, gib mir Mut, vor anderen für mich und für meinen Glauben einzustehen. Zeige mir auch, wo es angebracht ist, mich als Christ zu bekennen, und wo ich es lieber bleiben lasse, weil es die anderen sowieso nicht verstehen würden.

Heiliger Geist, gib mir das Gefühl für das, was stimmt, damit ich stimmig lebe, damit ich das sage, was in mir ist. Lass du die Worte aus mir strömen, die auch das Herz der anderen öffnen, damit ein wirkliches Gespräch entstehen kann.

## Der Heilige Geist als Glut der Liebe

Heiliger Geist, du bist den Jüngern wie Zungen von Feuer erschienen. Du bist Feuer, das uns wärmt, das uns lebendig macht. Manchmal fühle ich mich ausgebrannt und leer. Ich habe den Eindruck, da glüht in mir nichts mehr. Die Begeisterung ist verflogen. Alles in mir ist kalt und grau wie Asche. Dann sehne ich mich nach dem Feuer, das ich schon oft gespürt habe.

Wenn du in mir als Feuer bist, dann sprüht es in mir. Dann habe ich auf einmal Ideen. Dann stecke ich auch andere an. Dann ist es in mir warm und um mich herum entsteht Wärme.

Heiliger Geist, sei du in mir die Glut, die auch andere wärmt. Sei du in mir das Feuer, aus dem die Funken sprühen und das auch in anderen Leben weckt.

Heiliger Geist, du bist in mir, auch wenn ich dich nicht spüre. So will ich mir jetzt vorstellen, dass du wie eine Glut in mir bist und mein Inneres wärmst.

Ich muss von Zeit zu Zeit die Tür meines Ofens schließen, damit die Glut nicht ausbrennt, sondern mich erwärmt. Dann werden vielleicht auch andere kommen, um sich an meinen Ofen zu setzen und sich daran zu wärmen. In solchen Augenblicken bin ich voller Dankbarkeit.

Heiliger Geist, lass mich dich spüren als die Glut, die uns im Innersten miteinander verbindet und Gemeinschaft stiftet.

## Segen am Morgen

Barmherziger und guter Gott, segne diesen Tag.

Du hast ihn mir geschenkt, damit ich ihn erlebe als eine heilige Zeit – als eine Zeit, in der du selbst bei mir bist.

Segne alles, was ich heute in die Hand nehme. Lass meine Arbeit gelingen.

Segne die Gespräche, die ich führe.

Segne die Begegnungen, damit ich in jedem Menschen dein Antlitz aufleuchten sehe. Segne die Menschen, die mir am Herzen liegen. Lass sie nicht allein auf ihrem Weg. Begleite sie und sende deine heiligen Engel, damit sie ihre Wege mitgehen und sie beschützen.

Segne diesen Tag, dass ich ihn im Bewusstsein deiner heilenden und liebenden Nähe lebe.

Und segne mich, damit ich selbst zu einer Quelle des Segens werden darf für die Menschen, die mir heute begegnen.

## Segen bei Tisch

Guter Gott, wir danken dir für dieses Mahl, das du uns geschenkt hast.
Du hast den Tisch reich gedeckt mit guten Gaben, in denen wir deine Güte und Freundlichkeit erfahren dürfen.
Lass uns deine Gaben in Freude genießen.
Segne unsere Tischgemeinschaft, damit wir dich in unserer Mitte erfahren als den Gott der Liebe.
Segne unsere Gespräche, dass sie uns einander näherbringen und uns einander verstehen lassen.
Stärke uns durch dieses Mahl und schenke uns einst Anteil an deinem ewigen Mahl, an dem wir für immer dich genießen dürfen als die Fülle des Lebens.
Darum bitten wir durch Christus, unseren Herrn.

## Segen am Abend

Herr, segne diese Nacht, dass sie für mich eine heilige Zeit wird, eine Zeit, in der du selbst zu mir sprichst im Traum.
Segne meinen Schlaf, damit ich mich erholen und morgen mit neuer Kraft wieder aufstehen kann, um das zu vollbringen, wozu du mich berufen hast.
Segne mich in dieser Nacht, damit ich in deinen guten und zärtlichen Händen geborgen und getragen bin. Bewahre mich vor Krankheit und Tod. Sende deine heiligen Engel, damit sie mich in Frieden behüten.
Und segne auch alle, die heute Nacht weinen, weil sie traurig sind.
Segne die, die nicht schlafen können.
Zeige ihnen, dass du deine gütige Hand über sie hältst.
So segne mich und alle, die mir lieb sind, der gütige und barmherzige Gott, der Vater, der Sohn und der Heilige Geist.

## Segensgebet

Barmherziger und guter Gott, du bist die Quelle allen Segens.

Ich bitte dich, segne mich und segne all die Menschen, die mir am Herzen liegen.

Halte schützend deine segnende Hand über die Menschen.

Segne das Werk meiner Hände, damit meine Arbeit zum Segen wird für die Menschen.

Segne heute diesen Tag, damit alles, was ich in die Hand nehme, gelingen möge.

Segne die Gespräche, die ich heute führen werde, damit ich ein Gespür bekomme für das, was die anderen wirklich brauchen.

Segne die Begegnungen, die du mir heute schenkst, damit sie zum Segen werden für mich und für die, denen ich begegne.

Segne all die Menschen, die sich ungeliebt fühlen. Sende ihnen deinen Segen als Liebe.

Sende deinen Segen als Hoffnung zu den Hoffnungslosen und Verzweifelten, als Lebendigkeit zu den Erstarrten, als Licht zu denen, in deren Herzen es dunkel geworden ist.

Segne die Menschen, die krank sind und an sich selbst leiden, damit sie neue Hoffnung schöpfen.

Segne die Sterbenden, dass sie in ihrem Sterben das Zeitliche segnen und so zum Segen werden für alle, die noch in der Zeit sind.

Segne uns alle, damit wir füreinander zum Segen werden.

Erfülle mit deinem Segen die ganze Welt, damit wir die Welt als Segen erfahren dürfen.

Erfülle alle Menschen, die mir nahe sind, mit deinem Segen. Lass uns heute überall deinen Segen erfahren, in der Stille, im Gebet, in den Begegnungen, in den Gesprächen, bei der Arbeit und in allem, was wir erleben.

So segne uns und alle, die uns nahe stehen, der gütige und barmherzige Gott, der Vater, der Sohn und der Heilige Geist.

## Segen der Eltern für ihre Kinder

Guter Gott, segne heute meine Kinder.
Halte schützend deine Hand über sie, dass sie ihre Wege unter deinem Segen gehen.
Schütze sie vor allem, was sie vom richtigen Weg abbringen möchte.
Segne sie, damit sie voll Vertrauen ihren Weg gehen.
Und segne sie, damit sie klar erkennen, was ihr Weg zum Leben und in die Wahrheit ist.
Segne sie, dass sie sich heute immer und überall von deinem Segen umgeben wissen, dass sie sich als Gesegnete fühlen – als Menschen, die einmalig und wertvoll sind, die selbst zum Segen werden für andere.
Segne meine Kinder, dass sie sich nicht durch Enttäuschungen entmutigen lassen und dass sie nicht resignieren, wenn etwas nicht nach ihren Vorstellungen geht.
Schenke ihnen Kraft, dass sie sich dem Leben mit seinen Herausforderungen stellen und so innerlich wachsen und stärker werden.
Begleite du sie mit deinem Segen dorthin, wo ich sie nicht begleiten kann.
Ich sende ihnen meine Liebe und mein Wohlwollen.
Aber ich weiß nicht, ob sie meine guten Gedanken immer spüren.
Ich vertraue deinem Segen, der sie begleitet und ihre Wege beschützt, damit sie immer mehr in das Bild hineinwachsen, das du dir von ihnen gemacht hast.

## Segen für den Ehemann

Guter Gott, segne heute meinen Mann, dass alles, was er in die Hand nimmt, gelingen möge.
Segne ihn, dass er sein Maß findet und sich nicht von den Menschen seiner Umgebung ständig überfordern lässt.
Segne ihn, damit er mit sich im Einklang bleibt und nicht von der Meinung anderer bestimmt wird.
Segne ihn in seinen Überlegungen. Ich weiß oft nicht, was er denkt und was er fühlt. Er ist manchmal so verschlossen. Aber ich vertraue deinem Segen, dass er ihn mit dem guten Kern in sich in Berührung bringt.
Segne meinen Mann und segne seine Liebe, die er zu mir hat, die ich aber nicht immer spüre.
Durchdringe seine Liebe mit deiner göttlichen Liebe, dass sie wieder erneuert und lebendig wird, dass sie wieder zwischen uns strömt und uns miteinander verbindet.
So segne meinen Mann, dass dieser Tag heute für ihn ein gesegneter Tag wird und dass dein Segen uns miteinander verbindet.

## Segen für die Ehefrau

Barmherziger und guter Gott, segne meine Frau.
Ich werde ihr und ihren Bedürfnissen nicht immer gerecht. Und manchmal verstehe ich auch nicht, was in ihrem Herzen vor sich geht.
Segne sie, damit all das, was sie verwirrt, sich klärt, damit sie ganz und gar sie selbst wird, unabhängig von der Meinung der anderen, die ihr oft so wichtig ist.
Segne meine Frau und heile ihre Wunden, die sie mit sich trägt.
Umhülle sie mit deinem Segen, damit ihre Sorgen, die sie sich um die Kinder und um unsere Zukunft macht, sich auflösen und sie voll Vertrauen ihren Weg gehen kann.
Segne sie und alles, was sie tut.
Ich danke dir, dass du sie mir zur Seite gestellt hast.
Lass mich immer dankbar sein für sie und ihre Liebe und schenke mir die nötige Achtsamkeit, damit ich nie übersehe, was sie für mich und für die Kinder tut und bedeutet.
So segne unser Miteinander, dass wir uns einander ergänzen und stützen und dass unsere Liebe immer tiefer wird.

## Segen für einen lieben Menschen

Barmherziger und guter Gott, segne meine Schwester, meinen Bruder (mein Kind, meinen Freund, meine Freundin, meinen Mann, meine Frau).

Halte deine schützende Hand über sie/ihn und lass sie/ihn überall deine heilende und liebende Nähe spüren. Durchdringe sie/ihn mit deinem Heiligen Geist.

Lass deinen heilenden Geist eindringen in alle Abgründe ihrer/seiner Seele. Heile ihre/seine Wunden.

Belebe, was in ihr/ihm erstarrt ist.

Befruchte in ihr/ihm, was vertrocknet ist.

Bringe sie/ihn in Berührung mit der Quelle des Segens, die in ihr/ihm sprudelt. Mache sie/ihn so, wie sie/er ist, zum Segen für die Menschen, denen sie/er begegnet.

Schenke ihr/ihm das Vertrauen, dass du ihre/seine Wege segnest.

Geh du mit ihr/ihm ihren/seinen Weg, damit dieser Weg in immer größere Lebendigkeit, Freiheit und Liebe hineinführt.

## Segen für dich

Der barmherzige und gute Gott segne dich.
Er umhülle dich mit seiner liebenden und heilenden Gegenwart.
Er sei mit dir, wenn du aufstehst und dich niederlegst.
Er sei bei dir, wenn du aus dem Haus gehst und wenn du wieder zurückkehrst.
Er sei mit dir, wenn du arbeitest.
Er lasse dein Werk gelingen.
Er sei mit dir in jeder Begegnung und öffne dir die Augen für das Geheimnis, das dir in jedem menschlichen Antlitz aufleuchtet.
Er behüte dich auf all deinen Wegen.
Er stütze dich, wenn du schwach wirst.
Er tröste dich, wenn du dich einsam fühlst.
Er richte dich auf, wenn du gefallen bist.
Er erfülle dich mit seiner Liebe, mit seiner Güte und Milde.
Er schenke dir inneren Frieden.
Das gewähre dir der gute Gott: der Vater, der Sohn und der Heilige Geist.

## Aaronitischer Segen

NUMERI 6,24–26

Der Herr segne dich
und behüte dich.
Der Herr lasse sein Angesicht
über dich leuchten
und sei dir gnädig.
Der Herr wende sein Angesicht dir zu
und schenke dir Heil.

## Quellenhinweise

S. 17–34: Münsterschwarzacher Psalter; S. 35–40, 115, 207: Münsterschwarzacher Cantica; S. 71, 78, 83, 162, 174, 188: Benediktinisches Antiphonale; S. 130–141: Exerzitien für den Alltag; S. 79, 88, 99, 142: Drei Minuten Stille; S. 197, 198, 199, 205, 206: Du bist ein Segen. – Alle Titel erschienen im Vier-Türme-Verlag, Münsterschwarzach.